JR鐵道的和風行旅

40個戀上文化日本的一番物語

沈青輔 著
陳麗如 譯

中文版作者序

給親愛的台灣讀者

您好！各位喜愛旅行的台灣讀者！

首先，很樂見我的旅行遊記《JR鐵道的和風行旅──40個戀上文化日本的一番物語》透過夏日出版翻譯成中文出版，雖然我們並未相見，卻可以透過文字來交流，算是一種緣分吧？最近過得好嗎？是否事事如意呢？

也許正在讀本書的你，是一位準備搭火車實現環遊陌生國度的美麗夢想的人吧？即將踏上那充滿美食、景色如畫和濃濃人情味的日本！

即使是現在，我只要閉上眼睛，當時在日本旅遊的情景仍歷歷在目，讓我興奮不已。

抵達日本第一站福岡的陌生空氣、尋找初戀悸動回憶的庵治町、花兩小時徬徨尋覓，最後如願品嚐到的讚岐烏龍麵、讓我小鹿亂撞的京都少女、以及熱情如火的青森慶典……。

這段日本旅程有時奢侈地享受新幹線的快感，有時擠在搖搖晃晃的狹窄小列車座位上打個小盹，這些讓我哭、讓我笑以及讓我有夢想的日本旅遊回憶，對我來說都是非常寶貴的經驗。雖然我是個喜愛到處旅行的人，但到目前為止，我還找不到其他地方的拉麵比在札幌吃過的更美味可口，沒有再經歷過比青森睡魔祭更令人亢奮的慶典，也沒有再到過如北海道美瑛的風景那般讓人心曠神怡的地方。如此可知，環遊日本的旅行時光對我而言是多麼的難能可貴啊！也許這段一個多月的時間將令我終身難忘。日本真的是一個很不錯的旅遊國家。

如果各位對目的地還猶豫不決，那就先出發吧！因為透過旅行，可以將不愉快的思緒和苦惱都解決掉！如果本書可以為各位帶來旅行的最初動機，並成為你在旅途中的好夥伴、旅行後的忠實朋友，是我莫大的榮幸。

最後，為《JR鐵道的和風行旅》一書得以在台灣出版發行一事，向大前文化和夏日出版致上最深的感謝。

沈胥輔

二〇一二年在韓國某個溫暖的春日

前言

青春，尚未結束的旅行

一開始，並不是想要展開轟轟烈烈的旅行，只是平時在生活中感覺單調或有空檔時，就會隨興想去某個地方旅行，然後就突然決定出發了。當初決定去日本旅行，並沒有什麼特別的理由。在韓國，有時間、有旅費，加上輕鬆的心情，立刻帶著護照就能成行的地方便是日本，因此我們沒有花很長的時間詳細擬定旅遊計畫，就像翻閱漫畫書一樣咻地從日本玩回來了。沒有艱難的哲學，也沒有令人頭痛的現實煩惱，也不是要找尋某種特殊的意義，只想要一場歡欣愉快的旅行，雖然說是去旅行，但並不需要太多的時間和準備，只要給自己一個月的時間、JR Pass和足夠吃住的經費，就綽綽有餘了。

從日本回來已經過了一段時間，感覺仍有些恍惚，但再度回憶時，卻又完全把我帶回到那個夏天的旅行，想起三十三天旅遊期間拜訪的許多地方和人們，以及經歷的種種事物。

日本這地方，與其說是帶給人興奮的感覺，還不如說是有點陌生，卻又有點熟悉，總是會讓人引起心靈的奇妙悸動，福岡的陌生空氣、高松的讚岐烏龍麵、京都幽靜的小徑、青森慶典的熱情、美瑛美麗的薰衣草園、河口湖的美術館、從東京鐵塔眺望的壯觀夜景、甚至於廉價旅館苦澀的牙膏味道……。

從悠揚古典音樂般的庵治町風景，到大阪道頓堀鬧區的夜晚，在不知名的路上或華麗的霓虹燈之下，當我想起那些不經意被遺忘的記憶時，就是看到了全新自我的時刻。那次旅行的初衷並非為了得到某種目的，然而那些浮現的特殊時刻，說不定正是我心中最想望的。

在這段期間，我四處漫遊，與某些人相遇、離別，然後開始想念他們。當我心中燃起想要去某個地方的欲望時，強迫自己壓抑下來，其實是相當困難的。因此，偶爾我會擺脫日常生活，出發去某個地方旅行。當我對現實世界感到無聊並對生活厭煩時，能夠讓我重新再找回自我的方法，就是旅行，這樣的旅行永遠都是幸福的。

而且我的旅行尚未結束。

最後，感謝金俊英先生在這次長途旅行中與我為伴，感謝申善姬小姐特地到日本為我們加油打氣，感謝日本政府觀光局（JNTO）辦公室的李敬敏小姐以及人在京都的名村廣樹小姐。

序曲

旅行的剎那心情

某一天，隨興地，手中握著JR Pass就展開為期三十三天的日本火車旅行。

從福岡到札幌，本來是沒有特別目的的漫遊，就在與世界各國朋友的閒聊中，發現那是能與另一個自我相遇的時刻。

在陌生的地方，心情既是痛快之至，卻又無比寂寥。

33天JR鐵道旅行路線

福岡→岡山→高松→丸龜→高山→松山→岡山→

松江→米子→境港→岡山→舞子→神戶→寶塚→

大阪→京都→草津町→拓植→伊賀上野→上野市→

伊賀神戶→伊勢市→名古屋→犬山→名古屋→

高山→金澤→滑川→長野→松本→大月→河口湖→

北杜→輕井澤→青森→美瑛→札幌→青森→花卷→

遠野→東京→鎌倉→東京→博多→湯布院→福岡

2 | 1

目次

7 | 6 | 5 | 4 | 3

12 | 11 | 10 | 9 | 8

16 | 15 | 14 | 13

21 | 20 | 19 | 18 | 17

26 | 25 | 24 | 23 | 22

31 | 30 | 29 | 28 | 27

35 | 34 | 33 | 32

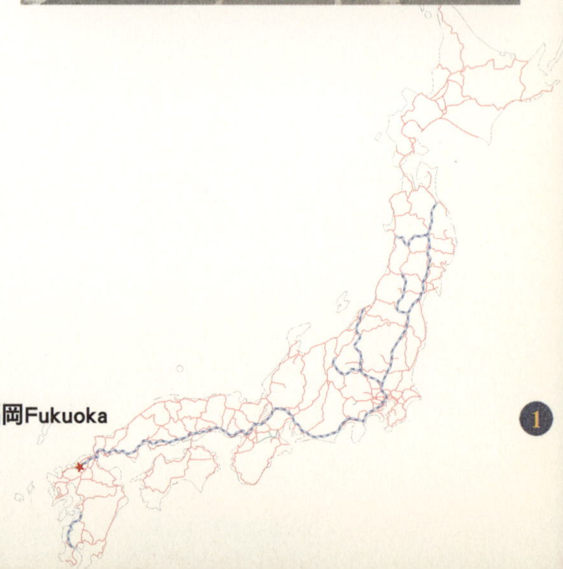

Route /共170mins,208km

釜山 ▶ 高速船 ▶ 博多Hakata ▶ 市內公車 ▶ 福岡Fukuoka

Stop 1
福岡縣・福岡（JR｜山陽新幹線・博多站周邊｜九州）

從陌生到漸漸習慣

旅行的第一晚

在午後五點五十五分，我們在博多遊輪碼頭靠岸。終於抵達日本了，雖然遊輪航行距離並不長，但我的身體已經感到疲倦了。肩膀上所背負的背包，似乎比在搭船之前更加沉重，原本以為我到日本以後會興奮到全身充滿活力，但現在光是搭船就感到如此吃力，不禁開始暗自擔心往後的旅程是否有辦法走下去，覺得超過一個月的旅程太過漫長了。也許是因為這樣的心情，讓我感到福岡的空氣相當沉重又鬱悶。

幾班公車過去後，我們坐上一班往福岡市中心的公車，雖然大致上與韓國的公車沒有太大的差別，司機也是坐在右邊，但寫著日文的車站標示就像是剛認識不久的人一樣，感覺起來還是有點陌生。

首先，我們到住宿的地方放行李，對於要將塞滿背包的東西一一拿出來這件事，開始覺得頭痛，但不管如何都想快點將這袋隨身物品放下來。在博多車站下車後，我們握著一張往住宿旅社的地圖，開始找路：

「是這條路嗎？還是這條路呢……不對，這條路才對。」

過了午後五點，福岡市內交通正繁忙，炎熱的大太陽下，人們各自奔走於自己的方向。耳邊充斥著日語，街道上盡是外觀不熟悉的汽車，看著騎著腳

踏車下班的人們，以及寫著滿滿日文的招牌，有種愛麗絲夢遊仙境的感覺，為了從陌生的環境中獲得情報，全身的細胞緊繃，不停歇地拚命運作著，額頭上開始流汗。不知是因為人們發現我們不是本地人，還是我們單方面的錯覺，彷彿人們都注意著背大背包、突兀地站在馬路中央的我們。不過這種感覺並不讓人討厭，雖然有點恍惚疲憊，在這個陌生地方也感到有些寂寥，卻能確定此刻已擺脫了太過安逸又刻板的平日生活，來到福岡市中心，這樣就已經足夠了。

我們開始認真地根據簡圖所標示的路徑走著，大約步行了十五分鐘，終於抵達了住宿地點。

聽說我打算在日本搭火車旅行，摯友主動和我聯絡，他認為旅費雖然不充裕，但第一晚應該留宿在好地方，所以就幫我們預約福岡的知名精品旅館——With The Style Fukuoka，價格讓人感到有些負擔，但因不好意思拒絕，最後只好來到這家旅館。從現在起，只要盡情享受眼前的一切就行了，現在最想做的事只有趕緊放下背包，喝一杯冰涼的水而已。

進房間後一放下行李，我們便像昏倒似的撲倒在床上，房間內的橘色燈光能安撫我們抵達日本以來的緊張身心，好像馬上就會進入夢鄉。

「就算再累也是第一晚，總不能這麼快就睡覺了，趕快起來洗洗澡，出去逛逛。」

從床上一躍而起，脫掉皺巴巴的衣服去沖澡。雖然也很想在浴缸裡開心泡澡，但心早已飛到福岡市內逛街了。

沐浴後，我播放房間內的CD片來聽，也許是旅館特別選曲錄製的CD，與房間的氣氛相得益彰。打開巴洛克風窗扉，躺在床鋪上，涼風徐徐吹來，在這一刻我誰也不羨慕。或許是緊張感消除了，開始感

為了從陌生的環境中獲得資訊，全身的細胞不停歇地拚命運作著。

到飢餓。說到吃的，出國前就只有在釜山吃了一碗牛尾骨湯而已，於是開始躺在床上想著待會要吃些什麼好？

「既然來到日本，不是該先吃碗拉麵嗎？」

「比起拉麵，我更想吃牛丼。」

一時之間，兩人陷入該吃什麼的幸福煩惱中，最後決定去吉野家吃牛丼，那家店在我們來的路上曾經看到，就位在車站前方。我們先小憩片刻，睡了三十分鐘，睜開眼睛一看，外面已是一片漆黑。雖然也可以再睡久一點，但我們還是選擇梳理一番後，走出旅館。

夜晚的空氣有點悶熱，額頭上立刻冒出汗滴。在休息過後，身體似乎變輕盈了，已經走過的街道風景也不再覺得陌生，好像在這地方生活了很久。隨著夜晚的空氣，悠閒地走著，口中也自然地哼著歌，這樣我們應該就算是跟福岡打過招呼了吧。

大約步行了二十分鐘，吉野家的橘黃色招牌就映入眼簾，在明亮的餐廳內，坐滿了正在享受美食的人，一想到從現在開始，我們要和這群人一起用餐就有點興奮，不只是因為飢腸轆轆，而是一種無法用言語形容的奇妙與奮感。

「歡迎光臨！」

❶ 從陌生到漸漸習慣

街道上，以福岡特色聞名的屋台裡，人們坐在裡面喝酒，趁著酒意暢談。

雖然有些不熟悉，卻是句令人快樂的日語問候，我們盡可能表現自然地找位子坐下，服務生送來了冰茶。

「請給我們兩份牛丼套餐，普通的。」

擔心日語有說錯的地方，我指著菜單。不到五分鐘牛丼就端上來了，大碗公內裝滿了白飯，上面鋪著牛肉薄片，分量很足夠，讓我很滿意。大快朵頤後，我們再度回到街上，因晚餐吃得心滿意足，這時的步伐相當愉快。

在回旅館之前，我們想要稍微逛一下市中心，儘管看日本地圖的技巧至今還不純熟，但萬一迷了路，只要找到車站就能走回旅館。

街道上，以福岡特色聞名的屋台裡，人們坐在裡面喝酒，還有吃著拉麵的人正對著冒熱氣的拉麵直吹氣，也有人趁著酒意愉快地聊天，渾然不覺夜已深沉，聊得很起勁，這樣的景況跟韓國人在小吃攤時的身影沒有太大的不同。我也想要加入他們，一起共度歡樂時光，但是為了回到旅館開自己的旅行紀念派對，只好挪動腳步離去。

抵達日本只有六個小時，我們就已漸漸地熟悉她了。

福岡的第一晚

回到旅館，在酒吧裡簡單地喝一杯後就回到房間，拿出在便利商店買的啤酒和下酒菜，放在床鋪上。

「果然這樣才是旅行的真正滋味，來，乾杯！」

「敬我們的旅行第一晚。」

那晚我們通宵喝啤酒，就這樣，福岡的第一晚夜深了。

With The Style Fukuoka

從JR博多站的筑紫口步行約十分鐘的距離，在韓國也是以設計感聞名的旅館，在這裡可以度過獨特和美好的時光，是個值得推薦給戀人和新人蜜月旅行的地方。

福岡縣福岡市博多區博多駅南1-9-18

住宿費一晚39,270~69,300日圓。

www.withthestyle.com

Point

電影《在世界的中心呼喊愛情》拍攝地

Route /共180mins,513.8km

博多Hakata ▶ JR山陽新幹線（光號鐵路之星）▶ **岡山OKayama** ▶ JR瀨戶大橋線（Marine Liner）▶ **高松Takamatsu** ▶ 巴士 ▶ **庵治町Ajicho**

香川縣・庵治町 ｜JR｜瀨戶大橋線／予讚線・高松車站周邊｜四國

庵治町

初戀的有效期限
在世界的中心呼喊愛情

在內心深處，任何人都有瞞著別人偷偷回想的初戀記憶：在地下鐵車站放空地坐著，讓回憶在腦海裡掠過，或望著漸入暮色的太陽，總會想到那人是否安然無恙，甚至偶爾會做出沒有理由地笑了出來這種令人難為情的舉動。雖然許多事情會隨著光陰流逝而褪色模糊，但那令人永遠難以忘懷的怦然悸動，不就是初戀的滋味嗎？

電影《在世界的中心呼喊愛情》就是描寫這種純情初戀的故事，其中包括平凡的男學生、一個美如偶像明星卻染有白血病的少女、因為交通意外所以無法說出的告白、三角關係、死亡……諸如此類的題材和初戀的元素交織在一起，完全是賺人熱淚的電影。儘管在看電影時沒有太大的感動，卻被勾起過去初戀的記憶，在那時而激烈、時而柔情的電影裡，最令我嚮往之處是故事發生背景的小漁村，如果我去到那個地方，心中彷彿可以變得沒有任何雜念，可以單純地回憶初戀，而且我很渴望像電影中的男主角一樣，在堤防上狂奔到心臟都快跳出來。

從松高車站搭乘公車約一小時多的車程，所抵達的庵治町真是個靜謐的地方，若沒有「電影現場」的立牌，便是個連看過電影的人也會不小心錯過的平凡小漁村，純樸的建築、平淡的風景以及沒有裝飾的簡單巷弄，彷彿是從沒上過妝的少女在微笑。

盛夏漁村的藍天裡，連一絲白雲都沒有，滾燙的熱氣往全身吹來。我寧可像電影裡一樣，有二十九號颱風來襲，那我真的會很感謝。

我在只貼著一張時刻表的公車站下車，沿著狹窄的柏油路往上走，右邊有一棟熟悉的建築物映入眼簾，那就是電影裡朔太郎和亞紀穿著結婚禮服拍照的雨平照相館，同時也是成年的朔太郎和律子互吐心中悲痛的經典場景，原本應該位於大馬路十字路口旁的照相館，現在變成了「電影拍攝地（映画ロケ地）」，或許是體貼的村民們為了慕名來這裡的人們而特別花心思管理的。

照相館裡陳列了電影中朔太郎所騎的摩托車，還有演員們的照片以及拍攝當時的劇照，但因為我們去的當天是星期二，適逢公休日，只能從窗戶縫隙瞄一下裡面的情形，徒留心中無限的遺憾。

在照相館旁的小小橫桿上掛了無數的鎖頭，來到此地的戀人們為了祈求兩人可以永遠在一起，在各自的鎖頭上寫著姓名和願望，例如：請讓我們兩人幸福。雖然電影裡朔太郎和亞紀的愛情無法順利完成，但是看到人們為了祈求幸福愛情而掛的鎖頭，就覺得在現實世界裡，誰都不希望自己的愛情是一場悲劇。

從照相館出來，再往上走一點，所出現的十字路口才是原來電影裡照相館的位置，那是男主角朔太郎經常騎摩托車出入的街道。電影裡，這是條人來人往的繁華街道，但在現實中卻人跡罕見，而照相館的位置徒留下一塊空地，看起來很淒涼，愛情逝去的位置是否也像這樣留下一片空虛呢？

這時，傳來劃破寂靜的吵雜聲，轉頭望向聲音傳來的方向，原來是一輛摩托車騎了過來，難道是朔太郎騎著摩托車出現了？然而，並不是男主角朔太郎，而是個用華麗花朵裝飾摩托車的老爺爺。

「怎麼會來這裡啊？」

「看了電影就找來了。」

「因為電影來好多人，全部都參觀過了嗎？」

「還沒，現在才剛開始。」

「我來推薦我喜愛的地方吧，如果從這一條路一直往前走的話……」

和老爺爺的聊天就是這樣開始的，庵治町各地的名勝、每年來了許多遊客、大部分是戀人、來庵治町的人全都是為了去看可以帶來幸福戀情的地方……，老爺爺滔滔不絕地告訴我們。在談話的過程中，老爺爺面帶微笑，給人的感覺倒像是個淘氣的少年，我甚至覺得老爺爺有可能就是那位在這裡經歷了初戀和苦痛的真實朔太郎。

來到小碼頭，沿著海邊再走一小段路，就會抵達電影開頭舉行校長告別式的專修院和觀賞庵治町風光的最佳地點——皇子神社。登上陡峭的臺階，來到位於半山腰的皇子神社，在正前方的公園可以將廣大無垠的大海和庵治町全景盡收眼底。公園角落，在電影裡曾經被男、女主角盪過的又小又舊的鞦韆，同樣也像郵局那樣，掛滿了無數個寫著表達愛意的鎖頭，鎖頭裡寫著兩人發誓相愛的約定並且永久地鎖死，有些已經嚴重生鏽，有些是不久前才掛上去的，還閃閃發亮。

掛上鎖頭的那些戀人們全都能實現永恆的愛情嗎？時間可能變成一種殘酷的水滴，在兩人堅定的感情之間製造分裂，產生無法挽回的巨大裂縫，傷害曾經約定永恆的兩顆心。寫著想要永恆愛情的鎖頭中，有到目前為止還保有幸福愛情的戀情，也有已經逝去的戀情。縱然如此，誰也不曉得誰會有永恆的戀情，雖然有些戀情已不復存在，但也有些戀情永恆不變。

從公園走下來，最後所面對的地方，便是看過電影的人最嚮往的地方，也就是朔太郎和亞紀第一次約會的防波堤。但這裡與我期待的有些落差，沒有帶給我任何的感動。在防波堤上只看到開心釣魚的歐吉桑，於是我們緩緩地在防波堤上漫步。

這裡是朔太郎向亞紀第一次告白的地點，長大後的朔太郎最先回到這地方的理由，不就是想要再次回憶起讓人怦然心動的初戀嗎？並不需要任何努力，初戀當時的情感自然就會湧上心頭。十八歲時所經歷的臉紅心跳的初戀，和到現在為止所遇見的戀人們，帶給我的並非全是心痛，其中有些是幸福的時刻。如今我可以當成若無其事般笑著看待，為何當時會痛不欲生呢？在防波堤上每踏出一步，腦海中就隱約勾起一段回憶。

初戀是沒有有效期限的，將那段記憶裝入回

在那裡有巨大的消波塊，其模樣像失去兩隻觸角的海星，堆積在長長的海岸線上，和對面的蔚藍海洋與紅燈塔相映成一幅美麗的風景畫。

憶的容器中會珍藏到死為止，任何人在思念的時候隨時都可以再回想溫存。隨著時光流逝，電影會被遺忘，連曾經拜訪過這裡的人們的記憶也褪色了，說不定庵治町又會變回平凡的小漁村。即使是變成那樣，我還是會想再次拜訪庵治町，一邊欣賞防波堤、燈塔和海洋，一邊追憶我那亙古不變的初戀。

初戀與旅行

在嚐到初戀的苦澀而掙扎的時期，曾隨性出發去旅行，只留下便條紙寫著：「遠行，暫停聯絡。」雖然放下一切到了一個沒有人認識我的地方，但在那次的旅程中，我學習到在陌生的環境中也能記取熟悉事物的事實。

Point
村上春樹《邊境・近境》，電影《烏龍麵》拍攝地

Route /共25mins,28.5km

高松Takamatsu ▶ JR瀨戶大橋線、予讚線（特急班次）▶ **丸龜Marugame**

Stop 3
香川縣・高松（JR｜瀨戶大橋線、予讚線・高松車站｜四國）

探尋讚岐烏龍麵

找出烏龍麵的真正滋味

日本是烏龍麵的發源地，那天我們拜訪的是烏龍麵產地中首屈一指的讚岐（さぬき，香川縣的古名）烏龍麵。其實我們原本認為烏龍麵並沒有什麼特別，就是在熱騰騰的高湯中灑下辣椒粉，搭配醃蘿蔔享用的美味料理。烏龍麵胖胖的麵條，軟綿綿的，看起來令人垂涎三尺，拿來充飢雖然很不錯，但是肚子馬上就會填飽，沒辦法吃太多，因此拿來當點心最適合不過。

韓國人認為，烏龍麵的真正魅力，就在那碗熱騰騰又清爽的高湯裡，而享受烏龍麵的最佳方法，就是在高速公路休息站利用短暫的休息時間買一碗來吃。在暖呼呼又爽口的熱湯裡，搭配增加甜味的醃蘿蔔片，其中將「烏龍麵是美味料理」深印在一般人腦海中的一等功臣，就是烏龍麵特有的湯頭。

當我在想烏龍麵這道料理時，從來就不曾注意過烏龍麵條。然而，聽說讚岐烏龍麵有名的不是高湯，而是烏龍麵條，所以日本人吃烏龍麵的理由不在喝湯，而是在吃麵。那麼所謂的烏龍麵究竟有多麼特別呢？

讓我們對烏龍麵產生興趣的，是二〇〇六年在日本上映的電影《烏龍麵》，那部電影的票房有八百萬人次，造成一時轟動。在看這部電影以前，我們從未想過烏龍麵是特別美味的料理，如同電影劇情，烏龍麵有多種吃法，生雞蛋加入醬油做成佐料，可以用來拌烏龍麵；麵條的咬勁還會左右烏龍麵的味道，這一點對我們來說更加陌生。更重要的是電影的鏡頭穿梭在讚岐的所有烏龍麵店，每個在吃烏龍麵的人們臉上的幸福表情，讓我們覺得十分神奇。真的那麼好吃嗎？我也好想吃一次看看！

日本人對讚岐烏龍麵的喜愛不僅止於電影，日本知名小說家村上春樹早在這部電影之前，就在《邊境・近境》中表露對讚岐地區的烏龍麵充滿喜愛。春樹為了「讚岐——超深度烏龍麵紀行」的主題，特別花幾天的時間停留在香川縣，他想要聽聽有關自己所拜訪過的烏龍麵店和在那家店品嚐過的烏龍麵的事情。神奇的是，連一張刺激食欲的照片也沒有，只是單純地閱讀村上春樹的文章，就會產生想要吃烏龍麵的衝動，真是太神奇了。如果村上春樹無法欣賞讚岐烏龍麵的滋味，是否能夠寫出那樣的文章來呢？這樣說來，香川縣讚岐烏龍麵應該很值得去品嚐一次看看。

在香川縣裡真的有許多烏龍麵店。它雖然是全日本面積最小的縣，但烏龍麵店卻超過九百家。哇，九百家烏龍麵店？雖然乍聽之下好像沒有什麼特別，但是與東京的麥當勞家數相比，感受立判。東京人口數為一千三百萬人，麥當勞家數為五百家，香川縣人口數為一百萬人，烏龍麵店卻是九百家！如果以人口數來計算，大約相差了十三倍之多。在這裡，烏龍麵比麥當勞還要受歡迎。說到這裡，應該可以瞭解到香川縣的人們有多熱愛烏龍麵，說不定他們從早餐到宵夜都是吃烏龍麵。

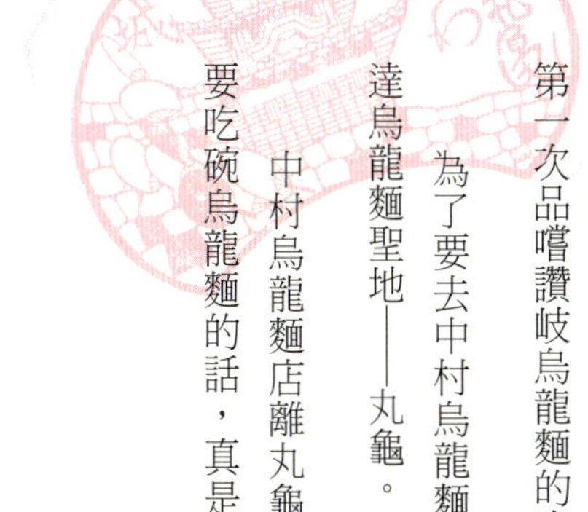

那麼我們到底要往哪裡走呢？有許多烏龍麵店是很幸福的事，但另一方面也意味著選擇的困難。我們並沒有那麼多的時間和經費可以去拜訪那麼多店家，也不想像電影情節一樣因盲目地愛烏龍麵而來一趟「烏龍麵巡禮」，更不想花幾千日圓去坐「烏龍麵計程車」。在香川縣有一種烏龍麵計程車，在支付六千至七千日圓後大約可使用一個半小時，但是在限定的時間內可以去的烏龍麵店大約只有兩、三家，在時間緊迫的情況下，無法好好品嚐烏龍麵滋味的可能性很大。當然，香川縣烏龍麵店的營業時間是每到下午兩、三點就會休息，沒有別的交通工具可以比得上有瞬間爆發力的烏龍麵計程車，但是我想吃烏龍麵的欲望還不到那樣瘋狂的程度。

單純只是想要解決一餐，想要用平常無法吃得到的美味烏龍麵來滿足期待和渴望。在吃美食時，如果重心不是放在「享受美食」，反倒是「吃」變成目的，那就不對了。我們決定到村上春樹讚不絕口的烏龍麵店去，即「中村烏龍麵店」。

那裡幾乎全都是自助式，甚至連撒在烏龍麵裡的蔥也是客人直接到田裡去拔，自己切好放入烏龍麵裡的夢幻烏龍麵店。日本從一九九〇年代開始吹起全國性的烏龍麵大流行，中村烏龍麵店處於大流行的中心位置，店主人雖然個性乖戾，但烏龍麵的滋味以能夠保持始終如一的美味聞名，有資格做為我們第一次品嚐讚岐烏龍麵的店家。

為了要去中村烏龍麵店必須要往丸龜走，從香川縣最大的城市高松搭列車約五十分鐘，就可以抵達烏龍麵聖地——丸龜。

中村烏龍麵店離丸龜市中心相當遠，在丸龜車站下車後，必須再搭五十分鐘的公車。如果只是想要吃碗烏龍麵的話，真是跑得太遠了。然而，有道是過程越是辛苦，達成目標後所獲得的成就感就越

有涼快的風吹來，還有清涼溪流的水聲，放眼盡是整齊的屋舍和綿延著青翠稻田的丸龜風光，在胸懷中的某處有種開闊的感覺，漫步在鄉間的舒暢感，暫時讓我忘掉飢腸轆轆。

強烈。究竟是多麼引人垂涎到必須要隱藏在如此神祕的地方？隨著所花的交通時間越久，我們就變得越來越好奇。再加上為了今天這特別的一餐，我們連早餐也省略了，從出發到現在已經花了兩小時的時間，那種疲憊和飢餓感已經到了我們的忍耐極限了。

不久之後，我們在預定的目的地下車。按照在丸龜車站所拿到的烏龍麵店地圖來看，確實是在這一站下車，但是太過荒涼了，讓人不禁納悶這裡真的是夢幻烏龍麵店的所在地嗎？雖然已經聽說地點是在有點偏遠的地方，但沒想到會是如此偏遠。一望無際的農田位於狹窄雙線道的兩旁，還有三三兩兩穿插其間的簡易農舍，這一切在我眼中看來根本就是鄉村！我們懷著只要按圖索驥就能找到中村烏龍麵店的想法，往村落的入口走進去。

大約就那樣步行了二十多分鐘，在人煙罕至的地方，突然出現許多車輛和大排長龍的人們。外觀沒有任何的招牌，和剛才經過的普通房屋沒有差別，看不出來是餐廳，但能感覺得到是個特別的地方：

「就是這裡！」

沒錯，我們終於抵達中村烏龍麵店。

一碗烏龍麵的感恩

我們抵達丸龜車站的時間比預期晚，觀光旅遊中心服務人員美智子小姐親切地對已經錯過時間的我們進行說明。既然如此，就請她幫我們拍張照片，以丸龜市觀光旅遊中心為背景擺出拍照的姿勢。「託她的福氣，吃了一碗美味的烏龍麵。」

丸龜市觀光旅遊中心

位於丸龜車站裡，可以取得烏龍麵店的位置、公車時刻表、烏龍麵店地圖、烏龍麵計程車等相關資訊。因為烏龍麵店大部分會在下午兩、三點休息，所以必須在上午早一點抵達較佳。

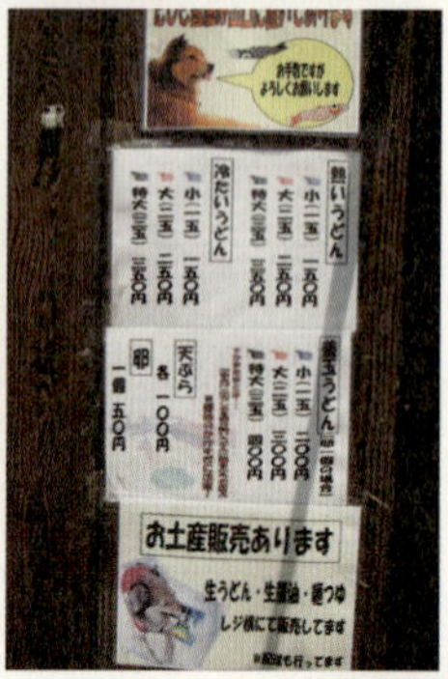

Point
中村烏龍麵店

丸龜

村上春樹喜愛的烏龍麵真美味

體會到烏龍麵的滋味

從任何角度看都不像是家餐廳，只是尋常鄉下人家的房子，窄小的入口前大約有四、五個人在排隊，現在的時間是上午十一點三十分，我們真的很幸運。事實上，營業時間是在一小時之前，但在上午八點開始就有從全國各地聚集而來的烏龍麵迷到中村烏龍麵店大排長龍，因此不經等待就能吃到烏龍麵幾乎是不可能的事，而且中村烏龍麵店當天所製作的烏龍麵如果賣完的話，就算排隊客人再多也會毫不留情地關上門，這是他們一直以來所堅持的經營方式。

為了問路而拜訪的觀光旅遊中心小姐也認為我們抵達的時間太晚了，擔心我們去中村烏龍麵店有可能吃不到烏龍麵，甚至還想要推薦其他較近的店家。然而今天的人潮比預計的還要少，也許是烏龍麵神對遠方而來的客人特別眷顧，我們才能像這樣迅速地進入店裡。走進簡樸的餐廳裡，有個給人固執印象的老婆婆開口就問：「什麼麵？」

一看客人很明顯是因為突如其來的詢問而一時語塞，感到厭煩的老婆婆又接著說：「冷麵（冷たいの）還是熱麵（熱い），要點哪一種？」

果然如傳說中的一樣，老闆娘相當強悍。

「那麼，請給我一碗冷麵、一碗熱麵。」

她從架子上拿了一個碗。在木盤上有準備好的冷麵，她迅速抓了一把麵放入碗中給我。這個碗並非韓國一般皆知的烏龍麵碗，而是較小型的陶碗，麵大約是拳頭大小可以握住的分量。水分飽滿、閃閃發亮的麵條，看起來比其他的麵特別，那是只要看、不用品嚐就知道的一種直覺。

「冷麵可以直接食用，如果是熱麵，請在旁邊的鍋子裡燙過再吃！」

如同村上春樹所說，這裡的一切全都是自助式，雖然一開始會覺得很生疏，但只要有一點慧根，應該不難掌握這裡的流程。在屋內也可以大啖烏龍麵，但隨時都會因為人潮眾多而無立足之地，所以大部分的人都會到屋外的庭院去大快朵頤。在左側有通往庭院的出口，在那前面就有櫃檯。

客人可以和店主人討論的就只有麵的種類而已，其他的店主人一概不會干涉。客人拿到自己所選擇的烏龍麵後，安靜地在屋內轉，在麵裡加入想要的配料後就到櫃檯結賬，店員會看一眼客人調配的烏龍麵來計算價錢。本來客人必須到中村烏龍麵店後院的蔥田中，直接拔青蔥再自己切好放入烏龍麵裡，現今為了方便蜂擁而來客人，才改為幫客人準備已經切好的青蔥。由於這是使中村烏龍麵店聲名大噪的特殊有趣賣點，卻因此取消了，令人感到有些惋惜。但一想到拔好青蔥後，又要進到人潮鼎沸的餐廳裡切青蔥放入烏龍麵的情景，我就覺得有些奇怪。因此改成有現成的蔥可用，說不定是更好的決定。

我在冷麵裡放入雞蛋和蔬菜，在用熱湯燙過的麵裡放入一隻大炸蝦天婦羅，就去櫃檯結賬，兩碗麵的價格是兩百日圓和三百日圓。雖然和內容分量相比，價格絕對不低，但是考量到日本的高物價水準，以這種價格可以當作一餐算是很划算的。終於到了可以品嚐讚岐烏龍麵的時候，為了避免烏龍麵掉出來或失手讓碗滑落，我小心翼翼地走到外面。

捧著可以細細品味的可口烏龍麵，一走出來就是擺設了花木的庭院，人們隨意地或坐或站品嚐著烏龍麵，沒有任何一個人把碗放在桌上悠閒地吃，全都一手端著烏龍麵，認真地用筷子夾麵，為什麼他們都這樣做呢？我不禁納悶，為了一碗烏龍麵從遙遠的地方找來，至少在吃烏龍麵的時刻應該要舒服一點才對，但這正是讓讚岐烏龍麵好吃的方法。

根據電影所演，在吃讚岐烏龍麵時不需要餐桌，所以就算餐廳裡的位子不夠也不需要擔心，屋簷下、門前、街道上，只要能在自己想要的地方找到位置即可。然後無論是蜷縮坐著或是站著，只要是用最舒適的姿勢來品嚐就可以了。在這裡，那種模樣真是再自然不過了。

不僅品嚐珍饈有其獨特的態度，連吃的方法也是一樣。在吃讚岐烏龍麵時，麵碗一定要靠近嘴巴，絕對不可以把碗放下來，更不可以分到另外的盤子上吃，而是要將碗端到嘴巴前方，用筷子將麵直接夾起，往嘴巴送似地吸入，如果急一點就要一吸再吸，盡可能不咬斷麵條地一口氣吃下去。

這時，在麵條吸入口中時發出「呼嚕嚕」或「稀哩呼嚕滋嘶」的聲音是很平常的，「吃東西時發出聲音是不禮貌」的禮儀在吃讚岐烏龍麵時是不適用的，因為發出聲音正是在享用讚岐烏龍麵的證據。然而，這種聲音對正在排隊的人來說，是最好的禮物，也是最大的折磨。為了一

從入口處往內看時，左邊有烏龍麵和燙麵的大鍋子，中央的桌子上擺有生雞蛋和蔬菜，在後側放有蝦子、蔬菜等各種天婦羅，和可以依照個人喜好添加的佐料。

嚐夢幻烏龍麵不遠千里而來，卻得大排長龍，又到處都有吃麵的聲音，對等待烏龍麵的人來說，真是忍無可忍的苦痛。

不管如何，我們也是像其他人一樣，為了品嚐讚岐烏龍麵而舉起筷子，首先什麼也不加，只有烏龍麵和生雞蛋攪拌吃吃看。光是用眼睛看就令人食指大動的雪白麵條，與黃澄澄的雞蛋、翠綠的青蔥、白蘿蔔和米黃色的生薑泥搭配起來，令人捨不得吃。我以激動的心情舉起筷子，夾起適當分量的麵條，稀哩呼嚕，將柔軟又有滑溜的麵條吸入口中，感覺到QQ的口感，那麵的滋味在口中蔓延，真是太痛快了！這真的是我一直以來所知道的烏龍麵嗎？

雖然大概知道這裡的烏龍麵很有名，但沒想到竟是如此美味，直接品嚐才知道完全是超乎想像的滋味，香Q的麵條讓全身的感覺專注在口中，最敢肯定的是今生尚未嚐過如此超級彈牙的麵條，我們唯恐那種愉悅感會消失，趕緊用筷子夾起一口麵條塞入口中；這一回加入些許日本醬油試看看，拿起長凳上的醬油滴下想要的分量，本來因為雞蛋而變得黃澄澄的麵條上，醬油像是墨汁滴到宣紙上一樣開始擴散。

唏哩呼嚕，真是太好吃了，本來醬油就有這番美味嗎？在加入醬油後，滋味更清爽，口感更有層次，從口中開始的幸福感迅速傳遞到全身。

最後在烏龍麵的湯裡倒入醬油做成「清湯烏龍麵」（かけうどん）喝一口，哇，真的好吃到眼淚快掉下來了。將麵條和醬油充分混合之後的麵，好像是再次誕生的烏龍麵，是夢幻般的搭配。或許對韓國人來說，麵湯還是最重要的。

雖然還想再來一碗，但總覺得留下遺憾比較好。匆忙地離開餐廳，瞥見一行穿著制服的上班族，從停在停車場裡的小型公車上排隊下車，他們全都是一副期待吃烏龍麵的樣子，笑容掛在他們的臉上。一想到我就要踏上歸途，不禁羨慕他們可以進去吃烏龍麵。

拳頭般大小的烏龍麵所帶給我們的也不盡然是幸福感，當我們回到住宿的高松，再度襲來的飢餓感讓我們感到痛苦。我們沒有多想就開始找尋烏龍麵店，就算沒有中

④村上春樹喜愛的烏龍麵真美味

在嘴裡咀嚼過的麵條，可口的滋味迅速地蔓延開來，一口氣咕嚕滑過喉嚨，再通過食道吞下去。

村烏龍麵店那麼有名又如何？已經嚐過一級棒讚岐烏龍麵的我們已經沒有什麼好猶豫，下午三點，在高松車站前買烏龍麵來吃，晚餐又在烏龍麵連鎖店「花丸（はなまる）烏龍麵」買烏龍麵來吃。這樣還不夠，到超市去買烏龍麵便當來當成宵夜，隔天早餐吃速食烏龍麵。雖然只有一整天的期間，但我想要盡情地品嚐讚岐的各種烏龍麵。即使這樣做，卻好像怎麼吃也不會膩一樣，一碗烏龍麵所傳達的餘韻非常強烈，同時也讓我們真正體會到烏龍麵滋味的特殊意義。

我們在不知不覺中也變成了烏龍麵迷，現在只要聽到讚岐的「讚」字，好像就會開始流口水。

高松車站附近的讚岐烏龍麵

我們為了再次品嚐讚岐烏龍麵而徘徊在街道上。位於高松車站不遠處的一代烏龍麵店裡，也許是過了用餐時間，只有一位白髮老婆婆在等待烏龍麵。我們點了兩碗烏龍麵，看店員在滾燙的水中將麵條煮熟後再盛在碗裡，在上面灑些配料的短暫時間裡，我們已經口水直流，啊！飢腸轆轆。

一代烏龍麵

位於從高松車站徒步五分鐘的距離，此店的招牌料理是「烏龍麵」。

- 香川縣高松市西の丸町12-3
- 平日7:30~16:00，週六7:30~14:00，週日公休。
- 各式烏龍麵約300~500日圓。

Point
夏目漱石《少爺》

Route /共150mins,194.4km

高松Takamatsu ▶ JR瀬戶大橋線／予讃線（特級列車）▶ 松山Matsuyama

讓時間倒轉的火車

和少爺共度一天的記憶

「你們終於來了？我等很久了。」

松山車站的門一打開，來迎接我們的少爺露出燦爛的笑容。

「對不起，讓您久等了。」

「不會啦，承蒙你們特意來看我，不知道我有多感謝。事實上，不管是以前或是現在，這裡和東京比起來，可以觀光的地方並不多，不是嗎？」

少爺是指不懂人情世故的人，這是被稱為「日本的莎士比亞」的夏目漱石所寫作的小說《少爺》的主角，像韓國的洪吉童[1]一樣出名的人物。少爺不僅在松山出名，還是享譽全日本的人物，在一九〇六年小說誕生之後，至今雖然超過一百年的歲月，少爺充滿稚氣的臉龐依然如故，縱然有點魯莽，但敦厚的個性讓人記憶非常深刻。

「首先讓我們往松山之花的道後溫泉方向前進如何？」

少爺看起來很興奮。

「在這裡我最喜愛的地方就只有那裡，你們也一定會喜歡。」

少爺帶我們到JR車站旁的路面電車站，經過歲月洗禮而斑駁的石頭路

上，縱橫的軌道令人印象深刻，稍待片刻就有和車站同年代的老舊電車進站。

「真的像是年代久遠的電車。」

「沒錯，即使如此，到目前為止仍然可以平穩行駛無虞，而且不是只有老舊的電車在行駛，也有最新型的電車，有沒有覺得很酷？」

「韓國沒有路面電車，這種電車看起來很壯觀。」

「你說韓國沒有路面電車？真是太遺憾了，那就在這裡看個夠吧，哈哈哈！」

我們接受少爺的推薦坐上老舊的路面電車，一眼就看到斑駁的木地板，以及雖然保持得很乾淨，但看得出來油漆過多次的古意內牆，可以想見這列電車的年齡應該不小，再加上搖搖晃晃地用非常緩慢的速度前進，若要堅稱這種電車為交通工具，實在太過牽強。

但是搭電車的乘客們，沒有任何人因為電車的緩慢而顯得焦躁，全都安靜地看著書或悠閒地欣賞著窗外的風光。不管如何，這也是經過市中心的重要交通工具之一，這樣緩慢的速度真的沒問題嗎？我們對於其他人悠閒的模樣感到很新奇，另一方面也很羨慕他們。

「你們別覺得無聊而發呆，欣賞一下車窗外的風景嘛，搭乘這輛路面電車所觀看到的市景還滿值得看的吧。」

在我們還無法適應電車裡的氣氛時，安靜地坐著的少爺突如其來的說話了。我們無法違背他的意思，於是假裝看著窗外，在那裡埋藏著松山的獨特時光。

窗外展現出融合舊日暗沉建築與新式建築的和諧風景，從遠遠的高處往市內鳥瞰，得以看見松山城經過長時間的考驗還能完整保存的神祕風貌。城界上沒有設置任何柵欄等路障，只在平坦的柏油路上用白線當成城界線來分隔。位在路面中央的鐵軌感覺相當浪漫，我在腦海裡想像昔日這條路上同時有路面電車行駛和行人往來交織的情景。也許是電車行駛速度太過緩慢，讓我連時間的流逝也感覺不出來，不

知不覺中電車已經進入終點站。

「你們看，那裡就是終點站，道後溫泉站！」

凝視著窗外的我們，聽到少爺的話後不禁吃驚地轉移目光，那像是在童話或小說裡才會存在的地方。一棟米白色的高雅建築矗立在那裡，我是說真的，不管是模樣、顏色或大小，沒有一樣不典雅的超級完美建築。

「這就是道後溫泉車站嗎？太可愛了，車站怎麼能做得如此雅致呢？」

「這座車站的造型是從明治時代原封不動地保存下來，是經過歲月洗禮的老建築。」

原來是座古老的車站，再仔細一看，古香古色的地板、長凳的顏色，以及車站內部的陳設，都保存了歲月的痕跡。古老車站的原始風貌得以保存下來，甚至到現在還能發揮車站的功能，對於日本人這種

古町木屋町
打ち過ぎて
行けば道後の
温泉場
伊予鉄道唱歌

珍惜傳統並加以保存的用心，我甚至感到有點嫉妒。

電車一進站，讓我眼睛為之一亮的是對面有一輛非常現代化的新型電車，剛抵達的老舊電車與即將出發的新型電車交會，形成強烈的對比。車站旁的廣場是比名稱還要小巧可愛的放生園，若想要去道後溫泉，就必須穿過放生園旁邊的商店街。放生園一角還有紅色大鐘和可供泡腳的露天湯池，以及像玩具般的列車。

「來看看這座時鐘，這是為了紀念道後溫泉本館一百週年而製作的時鐘，其中藏著有趣的祕密喔，現在快三點了吧？時間也剛好，你們真的很幸運，好好地觀察一下吧。」

「你說觀察時鐘？」

少爺手指著時鐘相當愉快地說著，雖然我們對於他的行動感到驚訝，但我們很相信少爺，於是盯著時鐘看，五十八分，五十九分，然後三點！突然間飄出一陣輕快的音樂，時鐘像被施了魔法般開始運轉起來，掀開屋頂，底部往上抬，小說《少爺》裡的人物一個、兩個陸續登場，原本是時鐘的秒針和分針行走的圓形部分則呈一八〇度迴轉，然後出現穿著明

治時代衣裳的美麗女子，在她的正下方還有威風凜凜的少爺和姿態溫和的老僕人奶奶。

「出現在時鐘塔邊緣位置的是少爺，站在他旁邊的是老僕人阿清，然後正上方的女子就是瑪丹娜，她是這個都市裡唯一和我擁有相同人氣的人。她本來是我的同事半瓜熟老師的未婚妻，但迷惑於教務主任紅色襯衫的風雅，甚至狡猾的紅色襯衫還將半瓜熟老師調往偏遠的鄉下，現在想起來心裡還是很氣。」

「原來有這麼一回事。」

雖然時鐘又恢復原來的模樣，但少爺的心情不佳，好長一段時間都緊閉著雙唇。我們為了讓少爺釋懷，只好將話題轉到別的地方。

「不過，這像玩具的墨綠色列車是什麼列車呢？」

「那個？那就是用我的名字取的少爺列車。」

少爺僵硬的表情慢慢地解凍，變得開朗了。

「那輛列車雖然像火柴盒般小巧玲瓏，卻別有一番韻味。年紀已經很大了，卻跟以往一樣很會跑，我向來都是搭乘這輛列車去泡溫泉的。」

「你是說這輛列車還能行駛？」

「是啊，想不想坐一次看看？不過現在去泡溫泉，時間上是早了一點。」

我們決定要坐少爺列車後，就到道後溫泉車站的一樓售票口買票。剛才展示在廣場的少爺列車冒著白煙進到車站。一踏上列車，等待在一旁的服務員親切地向我們打招呼。

「歡迎搭乘少爺列車，請問你們是同行的嗎？」

「是。」

「請您從這裡上車，請小心您的腳步。」

服務員引導我們到緊鄰駕駛車廂的客車臺階。我們一登上鐵製的臺階，馬上發出咚咚咚的響亮聲音。在客車的出入口前，又有一名穿著白襯衫、深藍色褲子，裝扮潔淨的驗票服務員。這是一位穿著明治時代服裝的年輕車長，他一邊驗收著小紙片做成的車票，一邊恭敬有禮的打招呼。

「謝謝，祝您旅途愉快！馬上就要出發了。」

列車鳴起一陣響亮的汽笛聲，開始移動，從車頭的煙囪裡，冒出一縷宛如蠟筆畫出的青煙，和剛才坐來的路面電車的感覺並不相同。雖然都是上了年紀的老車，但少爺列車的速度很快，感覺還有一點奮力向前跑的力量，透過老舊的褐色木框窗所看到的城市景物，和之前所見完全不同。

「請問要在哪一站下車？」

車長向乘客們一一確認下車目的地的身影，讓人感到溫馨，一切都自然地達到協調，創造出一種

❺ 讓時間倒轉的火車

又小又窄的單節車廂列車，內部像骨董家具般泛著閃閃發亮的褐色光澤，雖然也有許多裂痕，但那就像是老爺爺的皺紋一樣，讓人覺得很舒服。

與外界不同的氣氛。如果繼續坐著這部列車走下去，彷彿會走進時光隧道回到明治時代，我甚至開始期待真能如此。就像古老照片裡泛黃褪色的風景般，列車將周圍的一切事物捲了進來，時間的鐵鏈默默地在運行。

「這一站是大街道，大街道站到了，要下車的旅客請準備下車。」

車長沒有用麥克風廣播，而是直接用洪亮的聲音打破少爺列車的其他聲音傳到我們的耳裡。這站輪到我們下車了，唧！在一陣搖晃後，列車停住了，車長將門打開，露出微笑說：

「感謝您，歡迎下次再搭乘。」

我們結束了短暫的時光之旅。也許是看到我們仍出神地站在原地，少爺催促我們的腳步快快向前。少爺列車鳴著警笛，消失在遠方。剛才我們還坐在裡面，一切就好像是一場夢境般，我們則隨著少爺的腳步往熱鬧的商店街走去。

1 洪吉童：韓國廣為人知的劫富濟貧人物。

欣賞道後溫泉的夜景

穿著和服漫步、享受溫泉的人們，在放生園免費的泡腳池裡聊天的戀人，穿上木屐ㄍㄧ ㄍㄧ ㄎㄧㄚ ㄎㄧㄚ享受著夜間購物樂趣的觀光客。一到了晚上，道後溫泉才會完全顯露出其風韻。

道後溫泉

日本最古老的溫泉，在溫泉設施上最先被指定為國家重要文化財。放生園帶頭示範，使得道後溫泉周邊的大部分旅館均開放免費的泡腳池。

- 道後溫泉本館的個室使用費，成人1,500日圓、小孩750日圓，限定使用1小時20分。
- 道後溫泉物語：www.dogo.or.jp

Route /共380mins,402.4km

松山Matsuyama ▶ JR予讚線、瀨戶大橋線（特急潮風號）▶ **岡山Okayama** ▶ JR山陽本線、伯備線、山陰本線（特急八雲號）▶ **松江Matsue**

Stop 6
島根縣・松江（JR｜山陰本線・松江車站周邊｜本州之中國地區）

松江永遠等著您

迴盪在堀川上的老船夫歌聲

「全都要坐船嗎？那個年輕人，請坐下來比較安全喔！」

當我們一登上頂棚很低的渡船，上年紀的老船夫就開始用幽默的語氣說話，那個年輕人看起來是不太愛說話的日本男生，他被嚇到了，馬上調整姿勢，坐在一旁的年輕小姐見狀，不禁咯咯地笑了起來。渡船裡鋪設了涼蓆，乘客必須脫鞋並整齊地擺放在船頭處，再舒服地找好位置席地而坐。

「那麼現在就開始松江的歷史之旅，全都準備好了嗎？」

老船夫一發動馬達，水紋立刻無聲無息地分開。渡船出發了，沿著圍繞松江城四周的城壕即可回溯數百年歷史的堀川遊覽船，是松山的觀光重點。本來大部分的城壕裡沒有水，但是松江城引入川水，更可貴的是這並非死水，所以水質相當乾淨。將城壕的「堀」和河川的「川」兩字合併起來，取名為「堀川」。

事實上，我們在決定是否要搭乘堀川遊覽船時考慮了很久。雖然當我們聽說可以乘船繞城這種風雅事時，感到既興奮又期待，但抵達的當天是陰天，坐船的人不多，更重要的是我們看到又小又不起眼的船隻時，心中很不滿意。雖然原本也不期待是雄偉的大船，但我總以為既然那麼出名，船隻也要有點看頭。

然而，那種想法只是短暫地掠過腦海，我們坐在船上

的時間越久，越被堀川遊覽船的魅力所吸引，就像威尼斯的貢多拉（Gondola）一樣迷人。遊覽船雖然沒有華麗的外表，但從那些沿著川邊建造的屋舍、樹木與叢林的風景中，可以充分感受到靜謐之美。沿途是彎彎曲曲的堀川水道，樹木根部往下伸展扎入土中，枝葉和花朵倒垂在水上，有時像是在展現寧靜的風光，有時又帶給人亞馬遜叢林般的原始風情。那小小遊覽船給人的悠遊自在感覺，以及沿途出現在眼前的錦繡風景，讓我深深感到滿足。只是船艙內瀰漫著尷尬的氣氛，如果可以改善這一點就好了。

事實上，要讓素昧平生的旅客們一起擠在狹窄的船艙內，默默無言地面對面坐著長達一小時，並非容易的事。堀川不像北京的龍慶峽，那是由數十個人一起搭乘快速疾馳的熱鬧遊覽船，而這是一艘光著腳舒服坐在涼蓆上，恬靜漫遊的遊覽船，從脫掉鞋子登上船艙那一刻起，就需要某種安排來緩和一下尷尬和陌生的氣氛。

就在這時，解說員適時登場帶動氣氛，打破了這種僵局。乘客可以聽懂他的話幾成並非最重要的事，在那種尷尬的情況下，有某個人不斷地侃侃而談就已經讓人覺得很感激，再加上解說員的語調相當幽默，令人滿心歡喜。戴著黃色麥桿所做成的斗笠、身穿青色制服的堀川船夫，大部分都是松江的退休老人，他們對於此地的各種觀光資訊都很熟悉，又很有口才，就像我們這艘船的船夫也是個了不起的健談者。

「我是個在一般公司上班到屆滿年限才正式退休的人。正在苦惱往後的日子要靠什麼維生時，剛好來到這裡，被松江城之美深深吸引住，於是決定要在堀川度過餘生。話雖如此，我只是個喜愛聊天的老人而已，託各位的福，每年沒有缺席地一再重遊這裡，我才能靠我喜愛的聊天勉強餬口過活。」

即使是自我介紹也說得條理分明，很合我意。自稱是「喜愛聊天的老人」，那他到底有多喜愛聊

天呢？他除了介紹渡船經過的每處風景之外，連此地流傳的傳說、有關樹木與花卉的瑣碎故事，也一五一十地告訴我們，甚至行船途中有烏龜出現的話，還會翻譯烏龜話給我們聽，鴨子家族出現的話，就為我們解說鴨子家族史。

「這樹木是有歷史的，已經超過數百年，因為年紀實在太大了，樹枝不斷地往水面傾斜，所以在那裡設置支撐木來支撐，不知道能夠撐多久。這座橋聽說會出現穿著和服的無腳長髮鬼，所以天黑後最好不要經過，啊，還有如果唱歌的話會受到詛咒，所以在這裡不管各位多麼想聽我唱歌，也請忍耐一下。」

在堀川無數個魅力之中，以十六座各式各樣的橋最令人印象深刻。分布在堀川各處的這些橋各有特色，同時展現松江的現代與江戶時代的風貌。有那種已經褪為黑色的岌岌可危的獨木橋，也有那種穩重大方的光滑大理石橋，還有全是爬滿青苔的石柱與生鏽鐵柱欄杆的橋，這些都完整地保留了過去的歲月以及季節的風霜。

大部分的橋都是僅容一艘遊覽船勉強通過的高度和寬度，因此每次在通過橋下時都會發生各種令人心驚膽跳的狀況。在這趟水之旅最後遇到的矮橋，將遊堀川的緊張刺激帶到最高潮，看一眼橋的高度，很明顯是遊覽船絕對無法通過的高度。

到底哪座橋最出色，讓我們也像擂臺賽一樣來比一比，每一座橋各自展現獨特之美，有的圓潤修長，有的短巧精幹，有的有稜有角。

「這下怎麼辦？出現了船無法通過的橋。雖然很遺憾，但我們的旅程到這裡就結束了嗎？」

船夫用誇張的聲音來賣關子，表示船已經無法再前進。雖然我們認為應該不可能，但是又很好奇到底要如何安全通過橋洞。

「就算橋再低，我們也不可以就此放棄。不管是碰到什麼樣的考驗，我們也應該度過難關。既然橋很低，我們就調整船的高度來通過。」

於是我們聽到了機器轉動的聲音，就像是電影畫面中的機器人變身一樣，遊覽船正在調降頂棚，遊客見狀響起了一陣歡呼聲。因為這結果打破了一般人的既定思維，讓遊客們自然地發出讚歎，而這時我們也終於明瞭為什麼這遊覽船看起來這麼不起眼，卻如此受到人們喜愛的原因了。

「相當危險，請各位把頭低下來，頂棚降到這樣就綽綽有餘了，那麼請各位再低一點好嗎？再一點點，再一點點。」

在紛亂之中，船夫還不忘了開玩笑。當眾人都緊張地壓低著頭時，船

夫竟然忍不住笑了出來。

這時，遠處山頂上聳立的松江城映入眼簾，於是船夫暫時不說話，調勻呼吸，開始高歌一曲。

「孤舟隨著歲月之江而遊，登上白靄靄的山頂眺望伊人的家，啊，青春的回憶。」

曲調蘊藏著一股淒涼滄桑，而船夫的歌聲聽起來很微妙，雖然說不上很會唱歌，但是卻能融合遠處的松江城和堀川風光，相當有韻味。一轉彎就看到了剛才出發的碼頭，看似漫長，實際上卻短暫的堀川遊覽已經到了尾聲，到處都聽到乘客覺得不捨的嘆息聲。人們開始準備迎接水上之旅的結束，這時船夫的歌聲也唱最後一句：

「松江永遠等著您（松江はあなたをまつ）。」

這句歌詞留下了深遠的餘韻。

Point

《鬼太郎》作者
水木茂的故鄉

Route /共70mins,18.1km

松江Matsue ▶ JR山陰本線（特急八雲號） ▶ 米子Yonago ▶ JR境港線（特急境港線） ▶

▶ 境港Sakaiminato

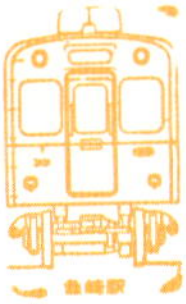

Stop 7
鳥取縣・境港（JR｜境線・境港站周邊｜本州之中國地區）

鬼太郎生活的城市

遇見街道上的妖怪

鳥取縣的境港人口不多，因以水產為發展重心，曾是個生氣蓬勃的幸福之都。然而一九八〇年以後，隨著基礎產業的衰退和人口的減少，境港陷入了嚴重的不景氣深淵中，不管經過多少個歲月，似乎也難以恢復昔日的繁華，人們開始陸續離開這裡，留下來的人於是召開了緊急會議：

「該怎麼做才能再恢復過去的繁華榮景呢？」

這時，有個公務員提出了相當奇妙的建議：「請把境港打造成妖怪的城市吧。」

此言一出，人們立刻被打動了。日本人本來就對妖怪有很深的偏好，這算是個不錯的主意，問題就在於這裡一無所有，要如何打造成妖怪之都。

「不是有位水木茂先生是我們村子出身的嗎？」

漫畫家水木茂先生曾在一九六七年發表過《咯咯咯的鬼太郎》（ゲゲゲの鬼太郎），被當成日本妖怪的代名詞，受到一般讀者的喜愛。由「嗚兮兮兮的鬼太郎」改編成的《咯咯咯的鬼太郎》，是以那些出現在日本傳統故事中的千奇百怪的妖怪為題材的漫畫書，也是在過去四十年之間持續受到大量讀者愛戴的偉大作品。

境港村民們滿懷期待地去找水木茂先生，他熱烈歡迎來自故鄉的鄉親們，對於打造妖怪之都來振興故鄉的提案也欣然接受。水木茂先生馬上命令關在漫畫書中的妖怪們到自己的故鄉去，於是從書中被釋放的妖怪們坐車到境港站下車，並各自在車站附近找到位置。

這消息瞬間就傳遍日本各地，人們為了爭看水木茂先生的妖怪們而陸續前往，不久後，都市又恢復往常的榮景。人們為了感謝漫畫家的功勞，於是建造水木茂紀念館，並且以他的名字「水木茂」作為「水木茂之路」的路名。

在前往水木茂之路的途中，為了轉乘往境港的JR列車而在米子車站下車。當我們的腳一踏出車外，突然間不知從哪裡傳來訕笑聲。

「誰，是誰呢？」

我們回頭一看，那是在米子車站月臺上迎接我們的妖怪們。果真如此，米子車站就像是水木茂之路的玄關，車站內到處都有妖怪們的照片和雕像等，彷彿已經踏入水木茂先生的妖怪世界。我們感覺氣氛有點奇怪，於是動了「我們還是就這樣回去吧」的念頭。

「咯咯咯咯！」

妖怪們正看著我們並嘲笑我們害怕的模樣。

「來的好，不要太害怕。你等是受到我們的邀請而來的，從現在起只要好好跟著我們就行了。」

如此一來，只好放棄回到人間世界的念頭，在心裡打定不可魯莽行事的主意，因為不知道周圍的妖怪們會如何欺負我們。就在感到忐忑不安之際，眼球老爹出現在我們的面前。

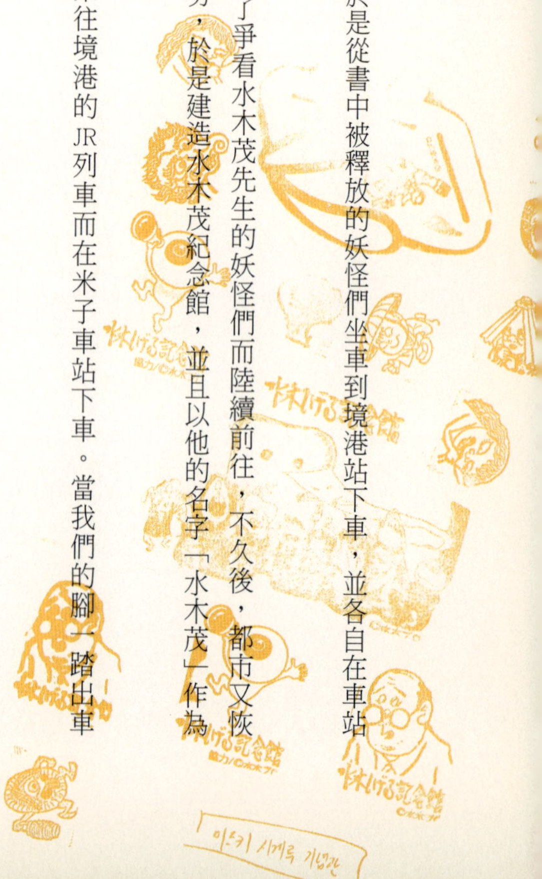

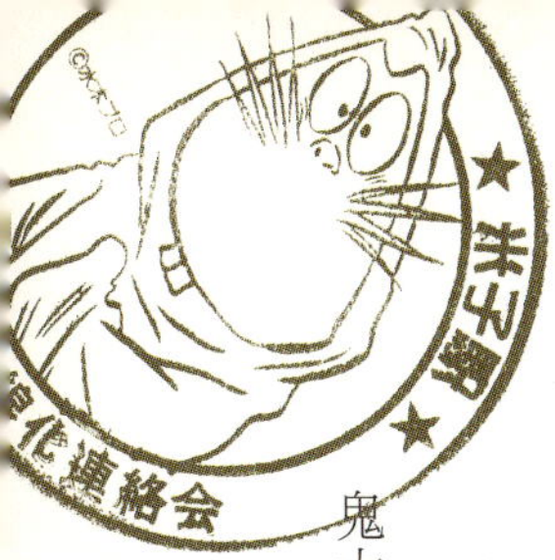

聽到鬼太郎的名號，我們才感到安心，因為妖怪少年鬼太郎是對抗邪惡妖怪的人類朋友，然而，0號月臺？真的有0號月臺嗎？也許是因為我們要去的不是今生的世界，所以不能從一般的月臺搭乘吧。

我們稍微往前走，真的出現0號月臺，有鬼太郎列車正在那裡等著我們。後來才知道來往於米子和境港之間的列車，除了鬼太郎之外，還有眼球老爹、貓女、鼠男等四款列車，雖然全是妖怪列車，卻都是鬼太郎信任的妖怪朋友們，所以會將人們安全無虞地送達水木茂之路。

搭乘鬼太郎列車前往水木茂之路的途中，感覺相當陰森。因為到達終點站境港的沿途，每一站都被妖怪們占領了。證據就是被占領的車站都會以撒沙婆婆或子泣爺爺等妖怪的名字當站名，同時貼上他們的姓名和彩繪圖案，讓人覺得既有趣又有點陰森。

「安心啦，大部分都是好妖怪。」

似乎是為了讓緊張兮兮的我們放下心來，鬼太郎特地和我們說話。這些妖怪雖然長相很

可怕，但全都是和鬼太郎一起生活在妖怪巷弄的善良妖怪。不管是人類或是妖怪，單看外表是無從判斷好或壞的。

不知不覺中，已經抵達列車終點站——境港。大約花了一個小時搭乘列車，才終於抵達妖怪樂園，我們從人潮洶湧的車站中擠出來，看見創作漫畫的水木茂先生正高興地迎接我們。看起來相當愉悅的水木茂先生的身旁，有鬼太郎、眼球老爹和鼠男。

「歡迎光臨！現在進入妖怪世界的各位將成為我漫畫的新主角，好好享受冒險的快感吧。」

在狹窄的雙線道兩旁是玲瓏有致的建築，彷彿是常見的清幽寧靜的鄉下村莊。然而整條街道卻被妖怪們和為了一睹妖怪風采而來的人們占領，破壞了寧靜的氣氛，這就是妖怪村嗎？眼球燈具所做成的路燈，孩子們與妖怪們一起追逐玩耍的遊樂園，在釀造場玄關鎮守的土地之神等等，雖然表面上看不出差異，但仔細一看，街道上到處都可以發現妖怪的蹤跡，有一股不尋常的氣氛。我感覺到也許水木茂之路的最大魅力就在於這種顛倒常規的事物上。

我們漫步在街道上，問候每一處的妖怪。在這個過程中，我們分不清誰是善良妖怪，誰又是邪惡妖怪，但是這裡為了減少妖怪給人的可怕印象而將妖怪變小了，使得他們的樣子變得很可愛。突

然有輛裝設巨大眼球的計程車與我們擦身而過，這才發現街道上有相當多的眼球。靜下心來觀看，街道上幾乎全是眼球。

到底是什麼理由呢？雖然沒有十足的把握，但總覺得這裡到處設置眼球老爹的眼球，大概是鬼太郎為了要監視是否有邪惡的妖怪在捉弄人們吧！如果我想得沒錯，那剛才在街道上不停地遊走的大型鬼太郎和貓女們也許是在巡視街道。這麼一想，我就放一千個心了，開始安心地在街道上參觀了。

我們吃著免費試吃的香甜饅頭，在街道上悠哉地散步。有時我們也會進去逛一下有許多可愛妖怪紀念品的商店，以及販賣水木茂先生的漫畫和小說的書店。

遲來的午餐則品嚐有鮪魚生魚片的鬼太郎拉麵，還喝了妖怪咖啡。在街道末端的水木茂紀念館內，可以看到栩栩如生、擁有可怕力量的妖怪，並且可以和真人大小的鬼太郎握手。在剛才走過的街道旁妖怪樂園裡，還可以和妖怪一起玩耍及拍照留念。難道我們真的被妖怪迷惑了嗎？定神一看，我們已經不知不覺和妖怪融合在一起，一點也沒有排斥他們，放開心胸，盡情歡樂。這奇異的街道氣氛讓我們越待越喜歡。

我們不再覺得人類和妖怪的分別有那麼重要。為了再回到現實世界，我們又回到車站的入口。和第一次相同，有水木茂先生在等待著我們，但

我們先問候水木茂先生，讓心情穩定下來，再正式地向妖怪世界邁出步伐。

眼球路燈、眼球計程車、眼球日光燈、眼球麵包、眼球果汁，不管是商店或是一般人家，只要是圓形的東西全都裝上眼球。眼球已經多到整條街不像是妖怪街，而應該稱為「眼球街」才對。

是我們卻覺得他的表情比之前更加開朗。

「如何呢？愉快嗎？」

「太有趣了。」

「你覺得有趣？我真是太高興了，那麼下次再來玩唷。」

在他燦爛笑容的背後，月臺上已經有鼠男列車進站。我們登上那輛列車，內心充滿著歡愉，那是我們與快樂的妖怪共度時光所引發的赤子之心的喜悅，甚至還胡亂地期待著說不定今天晚上鬼太郎和他的妖怪朋友會來找我們。

水木茂之路的另一種樂趣

再度回到水木茂之路時，為了要找點新樂子，所以先去找水木茂之路的紀念章。到日本旅行時，在火車站、樂園、觀光地等，都能輕易地找到紀念章，水木茂之路真可說是紀念章的天國。

來，讓我們捲起衣袖，開始來蓋紀念章吧。

水木茂紀念章

以水木茂之路為中心，兩旁的商店前面都有紀念章。如果想要正式蒐集紀念章，可以在車站的觀光服務處內購買紀念章地圖。說不定有一天，你會發現自己就在紀念章前排隊。

Point
世界最長的懸索吊橋

Route /共65mins,128.3km

岡山Okayama▶ JR山陽新幹線（回聲號）▶西明石Nishiakashi▶ JR山陽本線（特急）▶
▶舞子Maliko

Stop 8
兵庫縣・舞子（JR｜山陽本線・舞子站周邊｜本州之關西地區）

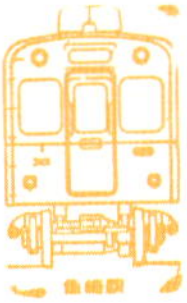

偶然相遇的仲夏舞子

尋找明石海峽大橋

前往神戶的途中，我們心血來潮走下列車。雖然天空布滿了雲朵，但也許是接近午餐時間，空氣相當悶熱，反倒是列車裡面還比較涼爽。但是為什麼要在這裡下車呢？如果一直待在車上，我們現在已經在神戶的青年旅館裡吹電扇睡午覺了，但事到如今也無法追究對錯，彼此對望了好一會兒。

苦思一陣之後，我們所下的結論是：一時衝動想要下來看看。JR Pass的魅力就在於隨時都可以下車又再上車，不需要增加費用，既然已經下了車，就好好地逛一下吧。我們現在位於舞子車站，知道這裡有明石海峽大橋，那麼目的地就是它了。雖然光用眼睛看就知道是座很長的大橋，但想要再次親眼看一下寫著「世界最長的懸索吊橋」的告示。每當我看到這麼壯觀的大橋時，就會想日本真是群島之國，難怪有許多座大橋；另一方面也驚覺，說不定到目前為止，我們因為都在列車上沉睡而錯過好幾座大橋卻渾然不知。

天空的雲層漸漸散開，我們登上了明石海峽大橋的舞子海上觀景步道。電梯聽說有八層樓高，我卻感覺似乎比那樣還要更高。這趟旅行到目前為止，一切都相當順遂，但當我眺望遠方時，不知怎地突然有一股心被掏空的感覺。像這樣偶爾前往計畫之外的地方，也是相當有魅力的。我們從展望臺下來後，就到公園走走。

在橋下陰涼處有正在享受下棋樂趣的老爺爺們、出來郊遊的家庭，還有在炎熱的太陽底下享受垂釣樂趣的人們。這裡是休憩景點，觀光客來自四面八方。可笑的是，偶爾我們會對前來觀光的各種人們感到好奇而去觀察他

們，卻忘了自己也是旅客。

明石海峽大橋的夜景相當夢幻，讓「在這裡逗留一下就回去」的想法稍縱即逝。或許逛太久了，冷冽的風吹得我好冷，我趕緊跳上列車，只想盡快進入香甜的夢鄉。

明石海峽大橋

位於淡路島和本州之間的海峽，是連接瀨戶內海和明石灣的大橋，總長三千九百十一公尺，為前往神戶的觀光客必定拜訪的名勝。

- 舞子海上觀景步道入場券300日圓
- 舞子公園www.hyogo-park.or.jp/maiko/

在舞子所遇見的人們

在明石海峽大橋周圍悠閒地散步，巧遇徐喜哲和鄭玄木兩位先生，他們正在騎自行車繞行日本一圈，他們連帳篷都沒有，昨晚就在公園裡睡覺，睡到一半被日本當地居民投訴，警察還來找他們。本來約好要在神戶見面一起喝一杯，但那晚下著傾盆大雨，讓我們無法離開旅館半步。下回再碰面的話，即使是在韓國也一定要一起喝一杯。

Route /共15mins,15.1km

舞子Maiko ▶ JR山陽本線（神戸線）▶ 神戸Kobe

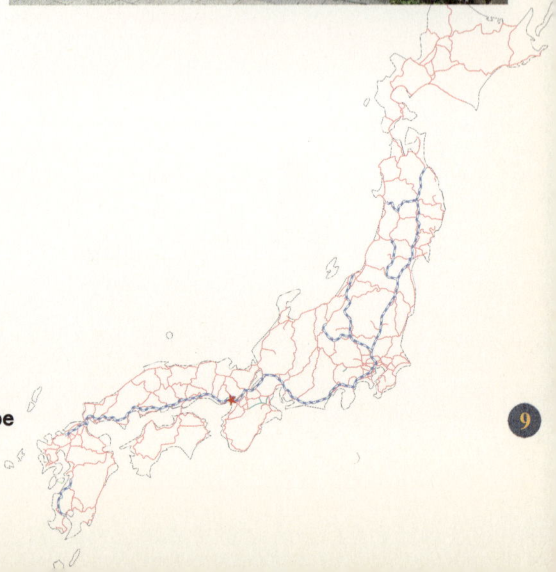

發生在中國城裡的糗事

徘徊在南京町

「快一點，客人來了！」

「三號冷麵兩個！」

從四面八方傳來中文，街道上全都是中文和紅色的建築物，到處站著身穿中國服裝的標緻小姐。在巷弄中，一家服裝店的櫥窗裡，有裸露上半身的李小龍模特兒展現孔武有力、肌肉結實的身材來招攬客人。人們都用中文在交談，這裡到底是日本呢？還是中國呢？精確地說，我們仍在日本旅行，只是暫時進入「中國城」而已。

這裡是神戶地區以中國城聞名的南京町，在偶然的機會下，我們發現了這條熱鬧的街道。那時，為了要去港口廣場，走了許多路四處尋找，突然面前出現一座高大的牌樓，我們非常地驚訝。走進去一瞧，這裡就是南京町！真是太幸運了！

果然不出所料，我們一走進這條街，就感覺到中國街道的擁擠和特有的活力。那些日本少見的熱情招攬生意的行為，正在這裡積極地進行中。

「豬肉饅頭九十日圓，九十日圓！來吃便宜又好吃的饅頭！」

「燒賣！燒賣！」

「先生，我們家的拉麵很好吃喔！」

每一家店前，都有專門負責招攬生意的店員，互相較勁似的大聲叫喚，就怕輸給隔壁店家。擁擠再加上巷弄狹窄，他們又拉開嗓門大喊，當然會變得很吵鬧。但我對這嘈雜的地區卻非常中意，也許是我曾經在中國生活過很長的時間，對於大聲的中文對話，寫著中文的招牌，甚至是中華料理特有的油煙味，南京町的樣樣風貌對我來說一點也不陌生，反而令我心生喜悅。我們繞進每一條大街，就連小巷也不放過，裡面充斥著餐廳、服裝店和雜貨店等各式各樣的商店，

即使稱這裡為小中國也不為過。

在中國城的中央位置，有個叫街心亭的廣場，人潮十分洶湧。人們都將從餐廳買來的食物帶到廣場坐下來享用，雖然也可以在餐廳內食用，但外帶到戶外，一邊聊天一邊享受美食似乎更愉悅自在。看著別人享用美食，我們忽然間也覺得肚子餓了起來，剛好午餐時間也近了，於是決定在去港口廣場之前，先在這裡解決一餐。

打定主意後，我們環視四周，發現要在這裡吃頓飯並不容易，因為和我們一樣在午餐時間聚集到餐廳的人群擠滿了廣場。不知何時突然人潮洶湧，這種感覺好像是兒童節到大型公園一樣人山人海，小孩緊握著媽媽的手不敢稍有閃失。現在似乎無論到哪家餐廳都是大排長龍，看來必須要等候一段時間。當然也不是每一家都擠得水泄不通，相對也有客人較少的餐廳。但難得來到這裡，我們當然也想要去吃有排隊人潮的餐廳。

倘若草率地走進一家餐廳，結果卻不好吃的話，我恐怕會懊悔不已，所以我們決定要排隊等候，並開始找尋最中意的餐廳。在這麼多的店家中，到底該去哪裡呢？這時大致看了一下，門口排隊最長的餐廳映入我的眼簾，是一家招牌寫著中文「堂記號」的拉麵店，既然要等就到人氣最旺的餐廳去等吧。

然而，隊伍真的很長，我們很清楚最少也要等上三十分鐘。越等肚子越餓，但隊伍都沒有前進的跡象，我們似乎真的挑到最熱門的店家。當我有這種想法時，又有人繼續接在我們的後面排隊。啊，肚子好餓。這時，前面來了看起來像是工讀生的小姐，拿著菜單給我們看，似乎是為了縮短客人的等待時間而先來點菜。

「請問您要點些什麼呢？」

但是小姐的日語有點生疏，難道是？

「請妳推薦吧。」（中文）

我試探地用中文來詢問她，她有點遲疑，然後用中文回答。我猜得果然沒錯，她是中國人。我開心地抓著那位工讀生問東問西，為什麼他們家餐廳的人氣最旺？菜單裡哪一道菜最好吃？何時來日本的？港口廣場怎麼走？等等，都是些不太重要的問題，但我卻對遇到的雞毛蒜皮小事，一一加以發問。因為我很久沒遇到中國人，所以用中文聊起天來出奇地愉快，工讀生似乎也察覺到這一點，非常親切且盡可能詳盡地回答我的每個問題。就在這時，事件爆發了。

「妳到底在做什麼啊！」

突然不知從哪裡飛來一句尖銳又情緒化的中文，我嚇了一大跳，立即往四周尋找聲源。原來是在餐廳前做料理的一位中年歐巴桑，工讀生的臉馬上黯淡了下來。這時，我才發覺自己在餐廳最忙碌的時間抓著一個認真工作的工讀生聊一些瑣碎的事，真是對不起她。

「在最忙碌的時候，為什麼傻愣愣地站在那裡呢？到底有沒有把工作放在心上？」

雖然任何一種語言都是如此，但罵人的中文聽起來格外地可怕。

「至少也要做好一件事吧！一有時間就想摸魚，我真的會因為妳而丟掉工作。」

歐巴桑的火氣好像沒那麼容易降下來，惹起禍端的我們只能在她的疾言厲色下感到心虛。

「即使如此，這樣對待員工不會太過分了嗎？」

我們沒有勇氣對歐巴桑反駁這不是小姐的錯，只能消極地用韓語抱怨她的所做所為，以稍微紓解心中的不平：

「需要這樣罵人嗎？」

「連客人都被嚇壞了呢，站在前面的那個人已經在害怕了！哈哈哈！」

我們當時有點興奮，還想再說更多時，不知從哪裡傳來音調陌生的韓語：

「您點了叉燒麵和擔擔麵嗎？要幫您多加點辣嗎？也可以做韓國口味。」

蹦，心臟像要跳出來的感覺！說這些話的不是別人，正是那位可怕的歐巴桑。我的心一沉，沒想到我當面口出惡言的對象竟然是韓國人。

「那孩子平時也是那樣，經常摸魚，工作也不認真，如果不用這種方式嚴厲地教訓她，就完全不聽話！」

歐巴桑當作什麼事情也沒發生一樣，語調也變得異常冷靜，與之前截然不同。這種情況不就是我們經常聽說到的故事，該不會這種鬧劇式的情節發生在我們的身上吧，當場讓我尷尬得想鑽進鼠洞躲起來。歐巴桑有中國籍的爸爸和韓國籍的媽媽，所以是韓國籍的華僑，無論是中文或韓語都駕輕就熟。在這種人面前用韓語口出惡言，再怎麼想都覺得百口莫辯又無可奈何，我竟然做了這麼令人寒心的行為！幸虧歐巴桑沒有放在心上，一直到最後都親切地準備我們所點的餐點，還不斷感謝我們，並要我們下次再來光顧。

與歐巴桑道別後，我們提著所點的餐點和另外購買的朝日啤酒往廣場去，在那兒用餐。真不愧是人氣最旺的餐廳，叉燒麵和擔擔麵都相當美味，這時喝的啤酒感覺起來也比其他時候更清爽可口。

「相當好吃喔？」

「真的不錯嗎？噗哈哈！」

原本我倆縮著頭安靜地用餐，但當我們互望一眼時，就忍不住大笑開來。再怎麼想也覺得很荒唐，真是讓我們臉紅害羞的事件。

「既然領悟到重要的事，也算是獲得一個有價值的經驗，不是嗎？」

「往後不管在哪裡我都會記住，務必小心自己的言語。」

也許是因為下午所喝的啤酒，我的臉龐依然緋紅。

港口廣場

繼續朝看得見紅色神戶塔的地方前進，港口廣場正如其名，就位於港口的旁邊。這裡有五花八門的商店，讓我有些捨不得離開，開始在算要準備幾份禮物，一、二、三……還有長長的一段旅程，我一定要忍耐，不可輕舉妄動。

港口廣場ハーバーランド

港口廣場的大規模購物中心——莫賽克（Mosaic）裡，進駐各種商店和餐廳。此外，在港口廣場中心的美利堅公園內，所看到的港塔和摩天輪夜景特別繽紛美麗。

不等零錢的自動販賣機

日本的各自付賬文化

為什麼日本會有這麼多的自動販賣機呢？

如果從日本人不喜歡給別人添麻煩、也不受人恩惠的習性來思考，就能輕易找到答案。只要有幾個叮噹響的銅板，不需要和任何人接觸就能購買到自己所需要的飲料和點心。不需要麻煩地和店員交涉，也不需要說任何的話，這樣的世界是多麼地便利。如果從個人主義的觀點來看，應該沒有比這樣更好的世界了。

日本的自動販賣機還有另外一點也反映這種個人主義的特徵，那就是不能連續購買兩份。在韓國，「我來請客」的文化是很普遍的，即使想買飲料來喝也適用，如果投入三人份的零錢，自動販賣機也會親切地等待到最後，並且同時掉下三人份的飲料。但是日本的自動販賣機，如果投入超過一人份的零錢，就會有一大堆的零錢叮噹往下掉。

換句話說，不會因為連續投入兩百四十日圓，就一次掉下兩瓶一百二十日圓的可樂。日本的自動販賣機不像韓國的自動販賣機那樣會等零錢，但不曾在日本生活過的韓國人絕對不會知道這個道理，於是純真的我們對於眼前所發生的一連串事情，絲毫也不會聯想到是自動販賣機的特殊設計，只會歸咎於操作不當或是自動販賣機故障而已，因為作夢也想不到連自動販賣機都蘊藏了這麼深奧的道理。

這是出於日本的「我的是我的，你的是你的」各自付賬文化。自動販賣機的零錢那麼快掉落的理由，是為了不讓排在後面的人等候，馬上就可以使用自動販賣機的體貼作法，連零錢也能成為體貼日本各自付賬文化的一環。如果有人在自動販賣機前大喊：「今天我來請客！」似乎就必須要忍受不方便。因為有多少人數就必須要投幣多少次，十分講求邏輯又冷靜，雖然便利卻還是有不方便的地方。

日本的各自付賬文化確實是非常普遍又執行地非常徹底。在去京都時，曾經和之前在韓國認識的日本人見面，他們的年紀比我小，所以在韓國主要都是由我請客。雖然這在韓國並非「一定」必要，但長輩照顧晚輩是一般人的共識，並不會因為來到日本就有所不同。我們認識很長一段時間，維持著很親密的大哥和弟弟妹妹的關係。但是在韓國時，他們願意入境隨俗遵循大哥請客的風俗，但在日本時卻堅持用日本的方式。因為並非是什麼大錢，所以我就說要請客，他們卻說既然來日本就該入境隨俗。

在一陣搶著付錢的折騰之後，我必須讓他們付他們該付的那份才能走出酒店。從他們那裡收到的金額，除了一千日圓大鈔之外，小到連一百日圓、十日圓，甚至零錢也跟我算得一清二楚。他們是以總金額除以人數的方式來計算，雖然是考量到我的旅客身分而給我方便，但是從很親近的學弟妹手中收到飯錢，而且連一分一毛也不差，讓我感到相當不自在。當然不欠人情或人際之間明算賬都是很好的想法，但是在酒吧裡各自所吃的各自負擔，和自動販賣機無法連續購買兩瓶的設計一樣，雖然很合理，但總讓人難以適應，不是嗎？我是從習慣於長輩請客的文化的立場來看。

像自動販賣機這種小規模的花費，如果能夠留下由長輩來付錢的文化，不是也很好嗎？

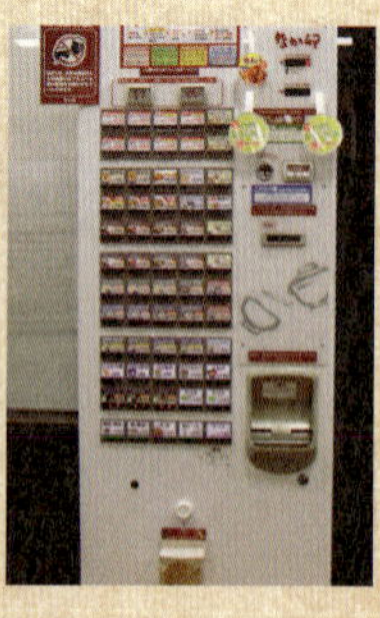

女性化的浪漫城市

尋訪寶塚歌劇團

在細雨綿綿的日子裡，我們來到了寶塚市。最先尋訪的地點就是寶塚歌劇團的聖地——寶塚大劇場。寶塚歌劇團是由阪急電鐵創立者小林一三在一九一三年所成立的女性歌劇團，其所演出的歌舞劇裡，所有角色都是由女性來扮演，深受觀眾好評，甚至在日本有專門報導寶塚歌劇團的雜誌定期出刊，可說是日本表演藝術團體的精粹。

對於寶塚市的第一印象，就是整個城市給人如同歌劇舞臺般典雅美麗且女性化的感覺。植滿花朵和樹木的街道以及各式各樣的郵筒，每戶人家的門前都立著古典的自行車等等，彷彿身處咖啡街上。尤其是從寶塚站通往寶塚大劇場與手塚治虫紀念館的道路——花之道，這段路的景色更是迷人。每年一到春天，花之道盛開櫻花，簡直美麗到了極點。鋪設在路上的各色花壇，以及兩旁亮橘色與粉紅色的住家和商店，還有讓這條花道更加出色的花鐘與路燈，都讓人不禁懷疑自己是否身處於少女漫畫的場景中。花之道像是為了童話中的公主而妝點成這般美麗的模樣，如果是女生們一起來逛，似乎會比情侶同遊還要自然許多。

寶塚大劇場這個巨大的粉紅色建築就聳立在花之道的中間，就好像是花之道的心臟一樣。花之道的街景會這麼女性化，想必也是因為寶塚大劇場的關係吧。

一進到寶塚大劇場，就好像進入凡爾賽宮。處處輝煌燦爛，簡直可以用奢華宏偉來形容。以粉紅色調為主的寬敞大廳裡，水晶吊燈華麗耀眼，連把手也金光閃爍，目光所及之處，樣樣都令我看得目瞪口呆。

這地方究竟是在表演什麼樣的節目而會如此華麗呢？看到牆上張貼的海報就不難找到理由了。這些到底是哪裡來的貴公子？大大的眼睛、晶亮的牙齒、細長手臂與高挑長腿，加上白皙的肌膚……再怎麼看都像是少女漫畫裡「比女生更美的王子們」，竟然出現在現實世界裡了。海報上的人物們個個擁有令女性羨慕的美貌，也難怪寶塚歌劇團會特別受女性觀眾的喜愛。這世界上竟然有著如此完美的王子們！但美貌能贏過他們的男子應該是絕對不存在的吧。

花之道的美麗街景像是在引導人們進入寶塚大劇場。

Route /共35mins,24.4km

神戶三宮Sannomiya ▶ 阪急電鐵（特急神戶線）▶

▶西宮北口Nishinomiyakitaguchi▶

▶阪急電鐵（阪急今津線）▶寶塚Takarazuka

KITARO
×
ATOM
PRINT COOKIES
KITARO
×
ATOM

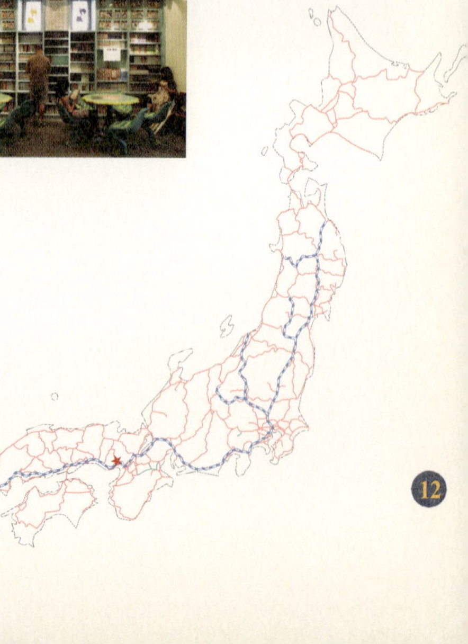

鐵腕！原子小金剛！

尋訪手塚治虫的故鄉

在我比原子小金剛的年紀再大一點點的時候，我曾經把這個可愛的大眼朋友當作偶像呢！小小的身軀卻有一百萬馬力匹這麼強大的力量，在天空四處飛翔，而且會從手指發射出雷射，甚至在臀部還裝設了連發式的機關槍，擁有超強能力。雖然他是個強大的機器人，卻有著比人類還要善良的心性，讓我很快就對原子小金剛著迷不已。當時在我心目中，原子小金剛是個正義使者，專門打倒惡勢力、拯救人類。所以在小孩子的眼裡，他就是最酷的人物。而這樣的一個超級英雄竟然跟我差不多的年紀啊！

「穿過藍藍天空，向著那夜空的群星飛翔，來吧！小金剛！」

光是聽到主題曲，也會令我心中突然湧現一股正義感。握緊拳頭，準備戰鬥，咻地飛翔在天空……想當年我在學校寫「我的志願」的作文題目時，毫不猶豫就寫說將來要當「原子小金剛」。

可是過了幾年之後，大約是在國小六年級時，我才知道這個宇宙少年原來是在日本誕生的「鉄腕アトム」（鐵腕阿童木）！因為當時不像現在的網際網路這麼發達，也沒有如此多樣化的媒體資訊。現在即使是一個小學生都能輕易接觸到日本動畫，但是在資訊不夠流通的那個年代裡，當我知道小金剛是日本的卡通人物時，確實給了我很大的打擊。

原子小金剛竟然來自外國？那麼當地球面臨危險時，他一定會先去救日本吧？在那個會為了「機器人跆拳V（韓國卡通）會打贏？或無敵鐵金剛

（日本卡通）會打贏？」爭論得面紅耳赤的年代裡，孩子們是很純真的，甚至可說是單純，他們對於英雄抱持著一種令人難以想像的愛國主義。雖然說漫畫是超越國籍的東西，而且分國籍的這種想法也毫無意義。但現在想來，可以知道當時的我有多麼喜愛原子小金剛。

我內心對於原子小金剛所懷抱的那份難過以及像遭受背叛的打擊感，也曾一一轉移到其他卡通人物。我發覺到，揮舞著鐵手臂與鐵腳的「無敵鐵金剛」（マジンガーZ）、展現英勇雄姿的「金剛戰神」（UFO Robo Grendizer），甚至是教我如何吹笛子的彩虹池塘那隻瘦瘦的「小青蛙」（けろっこデメタン），竟然全都是日本人！就連讓我開始對女生偶像產生幻想的「魔法小天使」（魔法の天使クリィミーマミ），看到小女孩變身時轉著裸體黑影再變身為少女時，令我這少年心頭怦怦跳的「甜甜仙子」（魔法のプリンセスミンキーモモ）也都是，還有《銀河鐵道999》裡，令我喜愛但是比我年長的美女梅德爾，她們也全都是日本人！由於這樣的理由，有一陣子只要是日本漫畫與卡通，我一律拒看。現在回想起當年的我，總會暗自嘲笑自己真是幼稚到了極點，但是話說回來，當時的我確實是難以接受這樣的事實。

不管怎麼說，日本漫畫的影響力不僅是在韓國，也在全世界影響深遠。而其中最了不起的就是原子小金剛的爸爸，也就是漫畫家手塚治虫。

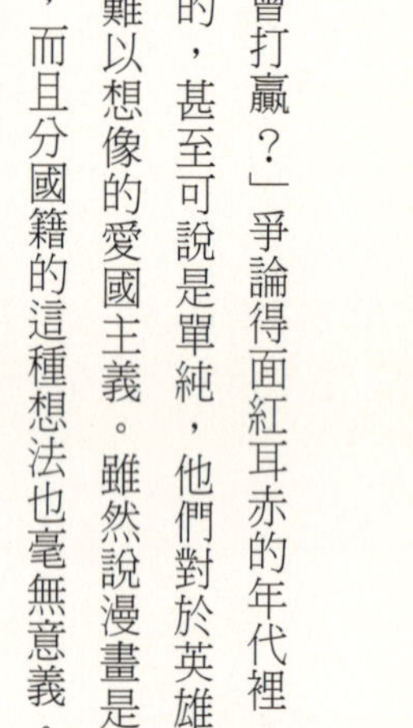

在日本，他被譽為「漫畫之神」與「漫畫之父」，作品從《原子小金剛》到《森林大帝》、《怪醫黑傑克》、《海王子》、《多羅羅》（どろろ）等，數量繁多。就連不喜歡漫畫的人，在小時候也應該都看過這位大師的作品吧。

手塚治虫是日本第一位將單格及四格漫畫改成長篇漫畫的漫畫家，同時架構了現代漫畫的框架，之後他所發表的《緞帶騎士》（Ribbon no Kishi），即我們所熟知的《寶馬王子》，則是奠定了少女漫畫的基礎。在一九六三年，他製作了日本第一部電視卡通《原子小金剛》，領導了日本卡通的興起。所以說，手塚治虫稱得上是讓日本成為動畫大國的開山始祖，也難怪他會被人們讚譽為「漫畫之神」。

寶塚對手塚治虫的漫畫有著很深的影響力。據說手塚治虫所畫的男性角色之所以會有這般美貌，就是因為他小時候常常和母親一起觀看寶塚的歌舞劇表演。特別是在講述女扮男裝的公主故事——《寶馬王子》就是在標榜寶塚歌劇，正好證明了這樣的說法。

經過寶塚大劇場之後，稍微再往前走一會兒，便是手塚治虫紀念館。整個紀念館以紅色磚石圍成長長的外牆，還有紅臉頰的原子小金剛、圓形高塔、五顏六色的彩色玻璃，以及可以看見天空的透明玻璃屋頂，讓人不禁覺得原子小金剛就活生生地住在這裡。

一走到入口處，活潑伸開雙臂的原子小金剛彷彿在說：「歡迎來看我唷！」以他特有的開朗笑容迎接著我們。還有《寶馬王子》的主角們以及大聲響起的迎賓進行曲，也在歡迎著我們的到訪。

紀念館裡處處可見手塚治虫創造的那些美麗又可愛的卡通主角們。人氣指數最高的原子小金剛，以及森林大帝小白獅、表情嚴肅的怪醫黑傑克、可愛的神奇獨角馬、頑皮的多羅羅等等，整個紀念館展示了非常多的卡通人物。這些曾經在我小時候陪伴我、感動我的英雄們，竟然齊聚在這裡，一想到就十分興奮！

在二樓的陳列室裡，展示了手塚治虫數百本之多的作品，

從很舊的雜誌到近幾年發行的單行本，數量確實驚人。其中最為人知的是兒童漫畫，除此之外甚至也有在韓國看不到的成人漫畫。陳列室裡的漫畫書讓我著迷到一點都不想離開。由一個人所創造出的漫畫世界，真是了不起。到底對漫畫熱愛的程度要多深，才能留下如此多的作品呢？一直到面臨死亡的最後一刻，他都不願將畫筆放下，這樣的精神令人由衷地敬佩。正因為這樣，他被譽為漫畫之神，而他創作的這些作品歷經長久歲月仍然受到讀者的喜愛。

原子小金剛不僅是我兒時的英雄，也是全世界所有人的英雄。大家都喜歡的原子小金剛，不管被叫做鐵腕Atom，還是阿童木、原子小金剛，能受到這麼多人喜愛才是最重要的事，如此才不會辜負奉獻一生於漫畫的這位漫畫狂的夢想與希望。

雖然健康逐漸惡化，但仍抱病作畫直到去世前的最後一刻，手塚治虫對漫畫的熱愛真令人感到欽佩。

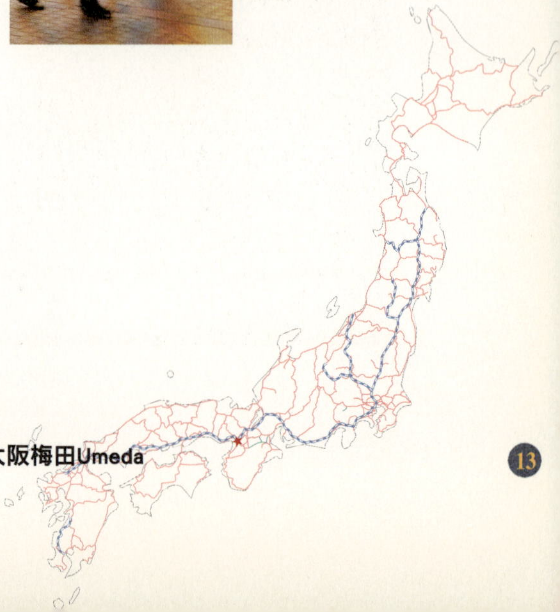

Route /共35mins,24.5km

寶塚Takarazuka ▶ 阪急電鉄（急行寶塚線）▶ 大阪梅田Umeda

大阪的一天

道頓堀的夜

大阪是個非常熱鬧的都市！在這之前，我們只有旅行過高松、松江、境港等地，都是小都市，所以大阪對我們而言簡直像是困難的微積分數學題，感覺很複雜。雖然幾天前我們還住在如東京般熱鬧繁華的首爾，但這幾天都沉浸在小都市的悠閒中，一時之間要面對大都市的華麗，雖然覺得美卻又隱約有些不適應。甚至於我還想要趕快脫離這個地方呢！呃，簡直就像個不曾住過都市的人。

或許是因為我們從最擁擠的車站開啟大阪行程，才會有這樣的第一印象吧。在偌大的車站、熙攘的人群、宛如蜘蛛網交錯的地鐵路線外，我們還在最熱鬧擁擠、人最多的下午五點，與大阪有了第一次的接觸。接下來，更遭遇了這趟旅行中的第一個麻煩！

事情發生在當時五點的大阪車站。原本我就預料在長達一個月的旅程裡，可能會遭遇一、兩個小麻煩，但因為是第一個，讓我們有些措手不及。在此之前，我們從沒見過日本人皺眉頭，因此對於行事小心的我們而言，撇開這事件的強度與種類不談，著實讓我們受了不少驚嚇。

大阪車站的構造很複雜，第一次來這裡的外國人想要搭到正確的列車幾乎是不可能的事。而當時我們在找開往日本橋的列車，大約已經徘徊三十幾分鐘了。接著，事情就發生了。正當我們背負著笨重的行李，呆站著不知該往哪裡走，拿著地圖在苦惱時，有人砰地撞了我的肩膀。我趕緊本能地說了一句「對不起」。這是在世界各地都被視為理所當然的禮儀，但對方的反應

卻令我吃了一驚。

「何だよ（幹麼呀）！」

竟然如此不客氣，該不會是我犯了什麼錯吧？回頭一看，我們看到兩個表情不怎麼友善的Gal辣妹。她們膚色黑黑的，臉上抹了濃妝，是很典型的那種Gal辣妹。雖然以前有看過這種女孩子，卻是頭一次這樣直接面對面，而且是在這麼不愉快的情況下。

所謂Gal辣妹，是指日本的一種打扮時尚的女孩，通常都是將皮膚曬得黑黑的，畫著濃濃的眼妝並且染黃頭髮，一身顯眼的華麗裝扮。有些走的是整臉白皙的公主風格，叫做公主辣妹；有些則是十幾歲的風格，稱做高中辣妹；也有些是成熟風格的，叫做姊姊辣妹，用語非常多。日本辣妹在說話時，通常會說「まじ（真的嗎？）」、「ときとば（看情況）」、「きもい（噁心）」等等，一般人聽不懂，只有她們懂的這類火星話。雖然在日劇或漫畫裡的Gal是指那種脾氣糟糕且任性的女孩子，但那只是一部分，大多是指時尚的裝扮風格。

姑且不論她們是哪一種，重點是，我們確實沒有犯什麼錯，只是拿著地圖站在原地好一陣子沒動。就算有發生衝突，也是她們引發的，卻對我們這麼不友善。面對這樣荒唐的情況，我們一時不知該如何是好。此時，原本瞄著我們看的這兩人又冒出了更確實的一句話。

「討厭！」

接下來，她們就轉身走掉了。竟然說我們令人討厭？雖然我不求她們道歉，但真不甘心以這種方式作罷。她們走掉之後，我們在原地站了好久。現在再次回想起來，這件事算不上是麻煩，但後來我們只要看到Gal辣妹，都會不由自主地在瞬間繃緊神經。

經歷這段小插曲之後，我們平安無事到達了住宿地點，一放好行李，就動身前往大阪最熱鬧的街道——道頓堀。此地果然讓我們見識到不同於之前造訪的小都市的繁華美麗。霓虹燈以閃爍的光芒誘惑著我們，五彩繽紛的色調使得天地都被彩繪得輝煌燦爛，令人看了目不轉睛。以大螃蟹招牌聞名的蟹道樂（かに道楽）、以河豚料理聞名的づぼらや河豚餐廳、招牌上有隻紅色大章魚的くくる章魚燒店等等，整條街到處都是曾在媒體報導中看過的知名商店。還有，我們也看到了在倒店後仍應民眾要求而守著道頓堀的那個戴眼鏡的食倒太郎（くいだおれ太郎），以手敲小鼓的姿勢瞧著過往行人。

然後我們買了大阪的另一樣特產——章魚燒之後，開始走向人潮洶湧的戎橋。戎橋是連接心齋橋筋、戎橋筋到道頓堀的一座橋，名副其實就是道頓堀的中心點。在堅固的圓形橋上，有很多人在那裡拍照，似乎都想要以道頓堀的另一個名人——固力果（グリコ）為拍照背景。在緩慢流動的運河上有觀光船悠然駛過，船上的遊客個個都在熱情揮手。

過橋的人群不斷來回穿梭，大部分都是穿著時髦的型男美女，也有些是剛才和我們發生衝突的那種Gal辣妹。拿傳單招攬客人的店員也隨著人群匆忙移動著腳步。在戎橋徘徊一段時間之後，我發現一個很有趣的事實：在戎橋可以看到很多花美男，是鬈髮且容貌俊俏的日本花美男！他們簡直可以媲美日劇裡的帥哥，在橋上處處可見這樣的花美男拉女孩子的手想要搭訕。竟然有這麼多的花美男同時在這裡對來來往往的女孩子搭訕，感覺真特別。因為好奇，我在一家餐廳門口詢問了正在發傳單的店員。

「請問一下，那些是什麼人呢？」

「那些人嗎？因為這裡是搭訕橋（なんぱ橋）啊！」

「搭訕橋？なんぱ就是搭訕，是嗎？」

「是啊，戎橋是有名的搭訕橋。一些男性會在這裡找單身女性搭訕，他們大部分是在附近酒店工作的服務生。拉到客人之後，會帶往自己工作道頓堀特有的夜晚街景，對我們而言雖然感覺陌生，卻也讓我們充分體驗了日本特色文化。

的那家酒店。不過，也不完全都是酒店服務生，也有一般人想搭訕，總之，是搭訕橋！」

時間越晚，就越加深道頓堀的熱鬧濃度與色彩。此地給人很日本又不太日本的感覺，與大阪的夜空十分相稱。但這樣的都會華麗感卻令我感到陌生與適應不良。

啊，真想回到悠閒的小都市！在我們走回住宿地點時，一顆心早已飛到明日要搭乘的列車上。

Route /共30mins,42.8km

大阪Osaka ▶ JR東海道本線（特急雷鳥號[Thunderbird]）▶ **京都Kyoto**

Stop 14
京都府・京都（JR｜東海道本線・京都站周邊｜本州之關西地區）

追逐藝妓的蹤影

徘徊在京都的巷道

人們總是愛尋找藝妓的蹤影。

在京都有名的景點清水寺也是，當行經三年坂與二年坂的老舊巷道時，人們總是愛尋找藝妓的蹤影。然後只要在某處出現了身穿和服的女人，都會成為目光的焦點。即使臉上沒有濃妝，也沒戴著厚重的假髮，都無所謂。彷彿只要穿上和服就已足夠成為人氣明星似的，人們都紛紛按下相機的快門，而我們也和他們一樣猛拍照。因為在京都這座城市裡，藝妓是頗負盛名的。

即使沒看過電影《藝妓回憶錄》，來到京都也一定會對藝妓產生一股的莫名憧憬。不管男女或東西方人士，在京都處處可見人們對藝妓的熱愛。就算不是看到真的藝妓，只要是有藝妓感覺的人，就能吸引眾人的目光。

曾有一次，我們在清水坂看到一群身穿漂亮和服的女孩子們走在路上，雖然有色彩華麗的和服與漂亮的雨傘，但一眼看過去似乎不太像是藝妓。不過，她們的出現在清水坂狹窄的街道上時，頓時引起了一陣騷動。人們都爭相要和她們拍照，甚至一邊喊著「藝妓、藝妓」、「wonderful」，同時不斷傳來相機卡嚓卡嚓的快門聲。

身為觀光客的我們也夾雜在拍照群眾裡開始按起快門。可是我一靠近聽到她們的對話，卻發現是在說中文。為了再確認清楚一點，所以我問她們是從哪裡來的，對方用流利的中文回答是從台灣來的。她們既非藝妓，也非日本人，只是穿了租借來的和服在清水坂遊玩的台灣少女們。然而，人們看到

14 追逐藝妓的蹤影

她們卻都像看到真的藝妓那般反應熱烈。由這件事可以知道藝妓在京都有多麼受歡迎。在京都，誰都可能會有遇見穿著和服的遊客的浪漫經驗。

那麼到底真正的藝妓是長什麼模樣呢？這麼一來，我們更想見見真正的藝妓了。雖然外表可能會與剛才看到的大同小異，但是內在氣質與感受到的氣氛一定有所不同吧。從那時起，我們開始在京都街道裡繞啊繞的，尋找藝妓的蹤影。可是到哪裡才能一睹她們的風采呢？我問了販賣紀念品的商店、路過的行人，他們都說不知道。就算問他們藝妓所在的地方，每個人的回答也都不盡相同。我們原以為在京都慶典期間到處都能遇到藝妓，但這令人興奮的希望如今已被我們放棄了。在四處尋找之後，我們來到了警察局，因為我們覺得警察一定最了解自己所管轄的地方。

「有什麼事嗎？」

一開門走進去，就有一位面容和善的警察如此問道。

「我想請問哪裡可以看得到藝妓呢？」

我毫不猶豫地單刀直入問了這位警察。因為七月實在酷暑炎熱，我真的不想再繼續盲目繞著街道尋找藝妓了。這位警察的臉上立刻綻開了笑容，可能是我這外國人來警察局詢問的事情很好笑吧。

「哈哈哈，原來是想要看藝妓啊。白天恐怕很難看得到她們哦。要等天黑了才能看到，但那時候也未必能看到。你們可以試著在這些地方繞一繞，說不定可以碰到。」

他拿出地圖，很親切地指出有機會看到藝妓的地點。看來必須要到好幾個地區去找才行了！幸好有他這麼仔細的解說，我們大概知道可以到哪裡尋找了。

「希望你們能順利見到藝妓！」

我們向警察道謝之後，又再度邁步去找藝妓。那位警察說的地方是花見子路、先斗町、新橋通等，有很多茶屋或餐廳聚集的知名觀光景點。從藝妓的職業特性來看，茶屋或酒店當然是她們會出現的地方。但即使知道她們活動的地點，要遇到她們也絕非易事。我們仔細繞了花見子路、先斗町的大街小巷，依舊不見她們的蹤影。聽說運氣好的人大白天就能在路上偶遇一群藝妓，可是偏偏我們沒有那種好運。

雖然說她們是隱藏在神祕面紗後的一種行業，但也沒料到要見一面竟是如此困難的事。我終於知道人們為何熱衷那些體驗版的藝妓了。就在這個時候，疲憊的我們看到眼前有個真正的藝妓出現了。當時我們正因為口渴而停在先斗町的某個飲料自動販賣機前，有一位臉上塗白粉、身穿淡綠色和服的女子提著東西快速走過。好不容易才遇到藝妓，附近的人又不多，我實在很想趨前跟她說句話並和她拍張合照，但是她「行如疾風」一般咻地走著。

穿這麼不方便的和服，還能如此快速地行走，到底是怎麼辦到的呢？沒辦法，我只好拿起相機跑到她的行走方向的前方，沒徵求同意就喀嚓喀嚓拍了幾張。對於我們的這番舉動，她仍然無動於衷，絲毫不停下腳步，只是靜靜地走著她要走的路，然後不留痕跡地消失在先斗町的昏暗巷道裡，彷彿躲避我們似地逃離開了。

穿上色彩華麗、圖案繽紛的和服，因初次上這種濃妝而顯得有些生疏，打扮一番之後，走在日本古色古香的街道上，不僅機會難得，還能成為眾人注目的「明星」。

我記得曾在報紙上看到有觀光客為了拍照而拉扯藝妓的和服，甚至使她們跌倒在地的報導。由於觀光客對藝妓過分感興趣而造成了困擾，為了避免發生那種狀況，應該要節制忍耐一點才對。不過話說回來，實際做起來可真不容易啊。觀光客那樣做其實不是惡意的。

那天晚上，我們透過民宿老闆才知道，其實我們在京都徘徊的時候，除了那名藝妓之外，還遇到了不少藝妓。

「光是以藝妓的外在模樣去尋找，你們就算遇到真正的藝妓也不會發現的。京都巷道裡常會看到的舞妓，她們的華麗裝扮的確挺吸引人的，不是嗎？舞妓是處於見習階段的小藝妓，即使在外走動也要遵守很多規定，像是必須畫濃妝、穿漂亮和服、腳穿一種叫做『おこぼ』的厚底木屐，絕對不能違反。但藝妓就不同了，因為她們已經到了某種境界，不必完全遵守那些規定，像是可以不用畫濃妝、不必穿厚底木屐，還能夠自由外出。但是藝妓本身散發出的那股氣質，就是和一般女性不同。人們說到藝妓，最先想到的是濃妝與華麗的服裝打扮，雖然在工作時是那種模樣沒錯，但她們已經不是舞妓，而是更高的階級身分了，有可能連在日常生活中都想引人注目嗎？」

老闆仔細看了我們拍的照片。

「這邊這一位好像是藝妓。」

他所指的那張照片裡有一個年輕女子穿著白色和服，模樣端莊。我在拍的時候也有種說不出的特別感覺，原來她就是藝妓啊！

悠遊自適，清水寺漫步

京都人氣最旺的知名景點——清水寺。

位於海拔二百四十二公尺的音羽山半山腰，沿著坡道走上去，雖然氣喘吁吁，但是到達清水寺時仍忍不住驚嘆。

這裡在二〇〇七年被列為世界七大奇蹟的候選之一。

建議可以在一大早，比別人早一點來到這裡，更能盡情悠遊此地風光。

清水寺

從京都車站搭乘市公車206路東山通北大路終點站方向，100路清水寺祇園、銀閣寺方向，在五条坂下車後步行十分鐘。

- 京都府京都市東山區清水1-294
- 平日06:00~18:00，特殊日子會開放夜間參拜。
- 一般參拜，成人300日圓、學生200日圓。夜間參拜，成人400日圓、學生200日圓。
- www.kiyomizudera.or.jp/lang/02.html

而且不只看到一個，根據老闆所說的，在舉行熱鬧慶典的京都市區裡，以及先斗町的狹窄巷道裡，我們都遇到了好幾個藝妓。聽完後，我們露出虛脫的笑容，天啊，我們這一整天究竟在尋找什麼？藝妓？舞妓？或者是被華麗外表迷惑而只尋找到她們的影子？

也許以外國人的眼光來看，幾乎不可能辨認出沒有化妝的藝妓吧！倘若認出來了，我真想跟她們聊幾句，只可惜我沒有認出來，好可惜啊。

光與色，引人入勝的回憶，千本鳥居

伏見稻荷大社的千本鳥居，
綿延稻荷山的整座山嶺，
走進多達一萬個的赤紅色鳥居之中，
穿透下來的陽光與共存其中的黑暗，
形成了一股超越美麗的奇妙氣氛。
一根根的紅柱，刻著數千、數萬個心願。
將這一萬個鳥居全部走完之後，
別忘了也要為自己許個大心願！

京都

伊人，在胡亂座民宿

關於邂逅

我相信每個人都曾夢想過在陌生的國度來一段浪漫邂逅吧。在旅行途中感受悸動，可說是上天賜予的最棒的禮物了。這是有可能實現的，但現實是冷靜的，結局會如何就很難說了。

我也在這次旅程遇到了很特別的浪漫邂逅。雖然心中的悸動還不到宛若時光靜止或像要停止呼吸般的戲劇性緊張程度，但我真的遇到了一個心儀的對象。她讓平凡無奇的事物有了不同的意義，也讓我一直照鏡子照個不停。

人們常說，注定相識的人必然會相識，注定結下因緣的人也一定會結下因緣。這一切都是藏在偶然的表象下的命運力量所促成的。若非這種命運牽引的力量，就不會發生與她相識的這麼奇妙偶然的事了。假如我這次的旅行晚一天出發的話，會如何？假如我計畫旅行時沒有選擇京都這座城市，會如何？假如是住宿在他處，又會如何？但巧合的是，時間將我引導來二〇〇九年七月的京都；巧合的是，腳步使我踏向了眾多住宿地點之中的胡亂座民宿。所有一切看似偶然，事實上是絲毫沒有一點誤差的命運環環相扣著。

那天，在胡亂座民宿的休息室裡，我和她同坐一張桌子已經一小時了。翻動書頁的聲音與筆電鍵盤的敲擊聲，兩者的不協調音讓人陷入尷尬沉默，我也一直苦惱著。

該如何開口呢？如果她看完書了，該怎麼辦才好？不知道她何時會合上書本回房去，一想到這裡，腦子簡直快爆炸開來。苦惱到最後所下的結論很單純也很不要臉，就是我打算要利用外國人的立場來開口。是的，我假裝在整理照片時看到不會的日語單字，便開口問這個日本女孩子。這是很自然的方式。反正只是問個問題而已嘛，不必想得太困難。接著，我大口深呼吸之後，問道：

「那個，抱歉請問一下。」

「咦？」

「請問這個字用日語怎麼說呢？可以教我一下嗎？」

瞬間，對方的嘴角上揚，露出了笑容，這是我的錯覺嗎？說不定她會覺得我很奇怪，明明我旁邊就擺了一本厚厚的韓日辭典，也有可以上網的電腦，只要稍微注意一下，就不難發現這是很容易找到答案的問題。幸好她很平靜地答道：

「那是カキ水（刨冰）。」

「啊！原來是叫カキ水。」

耶！內心不禁興高采烈了起來。雖然我問的是幼稚又厚臉皮的問題，那又怎樣？只要開了話題，一點點的丟臉也不算什麼呀，我就是那種不拘小節的人。神啊！謝謝祢讓我來到日本旅行，謝謝祢讓我學會了日語。

就這樣，我們開始聊了起來，而且聊到忘了時間。我原本的許多猶豫全都化為想說的話語，多到說不完。我怕談話會尷尬地停住，所以不斷地找問題再問她，而她還是不厭其煩地親切回話。她真是有耐性的女孩子。

然而和她聊天之後，我面臨的問題並未消失，而且應該說問題反而變得更大。能和她聊天固然很好，但明天過後我得離開京都，再也見不到她了。我開始覺得，寧可不要認識她，就不會這麼苦悶了。認識之後，我的心不知不覺地向她靠近。怪了，我怎麼會如此動心呢？到底這算是一場偶遇？還是注定相識的命運所指使的？

但是我們後來又再見了兩次面。那兩次的會面彷如幾乎不可能發生的小奇蹟。原以為絕對不會再見面了，但或許是我的懇切盼望，所以出現了奇蹟。雖然這麼說有些誇張，但和她相處的時時刻刻感覺都好特別。平凡的生活因為與她相識，而變得具有特別意義。時間不再枯燥乏味，空間則成了一個個為我們準備的舞臺。短暫的三次見面，在最後一次見面之後，我們要離開京都的那天，我心裡有些難過。乘著列車離開這個有她在的地方時，窗外風景再美也令我無心感受。

如今，我已從旅行的夢中清醒，回到名叫「生活」的現實中。她也是，不再與我生活在「同一個天空」下，而是遠在他國的一位外國人，自己過著忙碌的生活。不過我的羅曼史依然是進行式。韓國和日本的距離充其量只算是小小的試煉，這段羅曼史的結局會是如何誰也不知道。當然我希望能有個Happy ending囉！而最重要的是，我們還在聯絡，屬於「我們」的時光仍然繼續走著。

京都不錯的休息處

我們偶然找到位於京都的這家胡亂座民宿。老闆大橋羽尺表示，他不是為了賺錢，而是為了保留傳統，將之傳承給年輕人，才經營這家民宿的。

我對他說會向韓國朋友介紹這家民宿，他硬是拒絕，說如果客人太多，他會因為人手不足而忙不過來。

胡亂座

從JR京都站搭26路公車約十五分鐘，於四条堀川站下車，徒步兩分鐘。

京都市下京區醒ヶ井通綾小路下る要法寺町427

單人房一晚2800日圓起，雙人房一晚5000日圓。

www.uronza.com

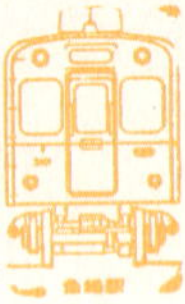

閒靜的步伐，悠然的記憶

清淨心房的地方

現在回想起來，京都的行程等於是另一段旅行的起點。在這次的日本旅行中，我沒有什麼明確的目的，只是不斷地在尋找特別的事物，而我覺得京都能給予心靈畫下小小休止符的悠閒感受。在這裡，每個瞬間都會不經意地就「想到」一些「意想不到的」感動事物。

在哲學之道就是如此。樹葉與陽光所造出的青翠綠蔭下，連沿著清涼溪邊行走也感覺很幸福。即使這條路不需要如其路名那樣深奧地苦惱什麼艱澀課題，但我卻自然地想到一些以前未曾想過的，或者曾想逃避的問題。可能是因為哲學之道給人一種特有的平靜氣氛吧，讓人在靜靜行走的同時，將平日不小心錯過的那些人事物一一納入思緒中。光是用走的，心情就已經變得全然不同了。

而且不是只有我們才有這麼特別的感受。在樹蔭下讀書的女孩、攤開地圖在談話的白髮夫婦，還有騎著自行車如風般掠過我們的學生也是，他們全都露出恬靜愉悅的表情。我旅行過這麼多地方，還不曾同時看過每個人的表情都一樣地悠然愜意呢！

京都的平靜氣氛，即便是到了日本三大祭典之一

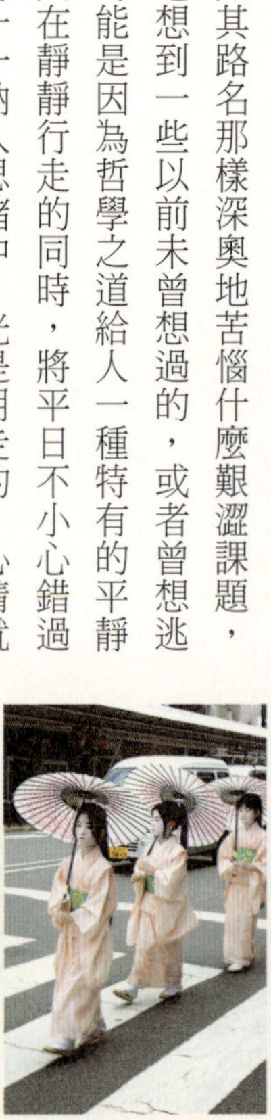

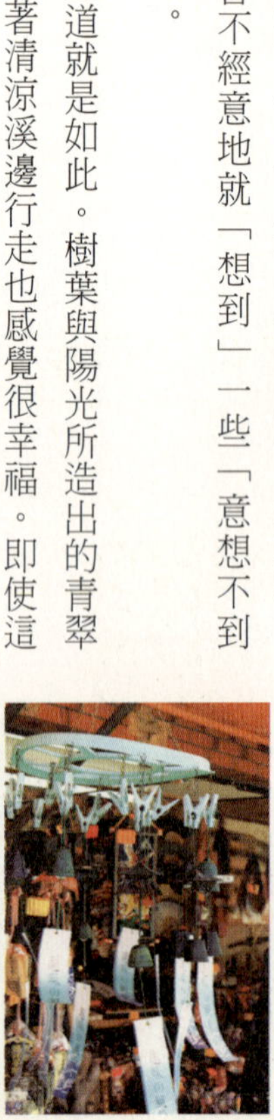

的祈園祭期間，也一樣如實沾染著這份閒靜。

祈園祭雖然被稱為祭典，但和一般的祭典大不相同。整座城市雖然充滿活力，卻還是井然有序而恬靜；人們都在歡喜地慶祝著，卻絕無嘈雜喧囂。貫穿這城市的祭典情緒並不會超越限度，也無過於誇張之處。

戴著白花帽的未婚巫女、撐著櫻花傘的舞妓小女孩、乘坐在轎子上的藝妓，都輕輕地移動經過我們身邊。甚至就連載著小童子的馬兒所發出的馬蹄聲、繫著紅帶子的孩子們活躍的敲鼓聲，全都帶有一份冷靜的感覺。這應該是因為他們本身都自然散發出一股莊嚴氣息的關係。路旁聚集的觀光客們也全都被同化成悠閒安靜的模樣，享受著祈園祭。

聚集最多觀光客的二年坂與三年坂街道也不例外，可能是京都這種近乎超現實的平和氣氛感染了觀光客，所以連觀光客們都流露出溫文的表情。誰也不慌不趕，都是安靜悠然。甚至於五色風車也比風速慢一拍地在旋轉著呢！

這裡是個可以悠遊的好地方，暫時脫離現實一小步，心也不會感到焦急。所有煩惱拋諸腦後，待心房空出空間之後，再用能量裝滿它。來到京都，可以使人擺脫無用的舊心情，淨空心房，是座舒適悠哉的城市。

京都最美妙的，是宛如時間靜止般不動的空間，能讓原本為生活奔忙的旅行者，無條件放寬心情享受此地美景。來到京都，能夠清淨擁擠的心房，讓複雜的現實問題從心底消失不見。

Route /共120mins,77.4km

京都Kyoto ▶ JR東海道本線（新快速） ▶ 草津Kusatsu ▶ JR草津線 ▶ JR關西本線 ▶ 柘植Tsuge ▶ 伊賀上野Igaueno ▶ 伊賀鐵道 ▶ 上野市Uenoshi

遇見身分不明的忍者

尋訪忍者之鄉

一到以忍者聞名的上野，就下起了傾盆大雨。早知道會這樣，就不要來了。我們決定先到車站前的一家小烏龍麵店躲雨，但是背著大背包的我們一出現在烏龍麵店，店裡頓時變得靜寂。從我們收拾雨具，使力放下如大石般沉重的背包，一直到坐在窄小的桌子前，盯著我們看的視線讓我始終無法抬起頭來。

「你們兩位是從哪裡來的呢？」一臉好奇的老闆娘先向我們這麼問道。

我回答：「從韓國來的。」

「原來是從泡菜的國度來的，歡迎你們。為了什麼事來這到這裡呢？觀光嗎？」

「是為了來看忍者。說到忍者，就會想到這裡的伊賀忍者，所以我們想來這裡看看。不過，剛才在車站前的人潮比想像中還少，平常也是這樣嗎？」

「當然不是。雨都已經下這麼大了，如果人多反而奇怪，你們說對吧？更何況現在不是忍者節。」

「有忍者節嗎？」

「四月份會舉辦忍者節活動，雖然其他時候來這裡也看得

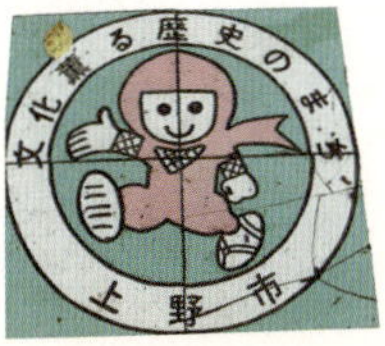

到忍者，但是不如四月有趣，這裡在四月最熱鬧了。像今天這種下雨天，原本會出來的忍者也應該都下班了吧。」

一聽到烏龍麵店的老闆娘這麼說，從剛才悶到現在的煩躁與疲憊瞬間湧上心頭。這趟旅行雖然是隨心所欲的行程，但早知道就應該先找好忍者的資料再來。但話說回來，忍者應該是來無影去無蹤，隨時可能突然出現的，不是嗎？沒想到他們竟然在太陽下山前就下班去了？我好洩氣啊！原本很希望能在特別擅長保存傳統的日本見識到伊賀忍者，可是我們所想像的忍者似乎已不復存在。難道只能在好萊塢電影或電玩中滿足看忍者的欲望嗎？那麼為何我們搭的火車是忍者列車，又為何一走下列車就看到忍者人偶，以及觀光旅遊中心牆上貼著大大的忍者地圖，這些又是什麼？明明十分鐘前還興高采烈地期待著，現在瞬間像洩了氣的氣球般沮喪。為了看忍者，從京都坐了三小時的車，實在不想輕易回頭。

既然來了，就去找找看吧。已經下午三點了，還不見雨勢減弱的跡象。我們決定一邊淋雨，一邊邁步走向忍者博物館所在的上野城。提到忍者，就會想到上野，但往上野城的路上看不到幾個行人，更別提觀光客了。一到上野城的入口，雨勢更大。不管忍者了，先躲雨再說。這時，我看到城牆邊有個木造亭子，決定先到那裡躲雨，再想想能遇到忍者的方法。不過，已經有幾個人站在偌大的亭子下了。我們迎著淅瀝嘩啦的雨勢跑向亭子，越接近亭子，越清楚看到那幾個人的模樣很特別，不只包了頭巾，還有人蒙面呢！

是忍者！竟然在這種地方遇見忍者！沒想到我們在躲雨的亭子裡發現了久盼的忍者，而且還一次見到四個來躲雨的忍者。等等，怎麼忍者也需要躲雨呢？而且是在亭子下？豈不是會被人看到嗎？忍者通常都會祕密行動且不讓人發現行蹤的呀。腦子裡不斷迸出疑問，看來一定得靠我開口才能得到解答

了。但意外的是這四個人都是女性。

「請問妳們是忍者嗎？」

四個人開始竊竊私語。然後答道：

「我們是Kunoichi（くノ一）。」

Kunoichi就是女忍者的意思，可是這幾個忍者不但畫濃妝，還穿帆布鞋。

「妳們……真的是Kunoichi嗎？」

隨即，她們大笑了出來。

「呵呵呵，不是的，我們也是觀光客，因為太喜歡忍者了，就租忍者服來穿。真的很像忍者嗎？」

她們笑著脫下蒙面之後，都是染著一頭金髮而且皮膚古銅色的濃妝女子，就像我們在大阪看到的Gal辣妹。然而她們的語氣很親切，和我們在大阪遇到的Gal辣妹特有的不良少女語氣完全不同。但是Gal辣妹怎麼會和忍者扯在一起呢？我實在很好奇，如果是這樣，豈不是等於同時遇到了Gal辣妹和忍者！

在飄雨的上野城，我們遇見了身分不明的忍者。

「妳們可以擺些姿勢給我們拍照嗎？」

「姿勢嗎？哎呀，怎麼辦？不要啦，擺什麼姿勢啊……」

一聽到我們的請求，她們雖然嘴裡說不要，但語氣顯得很興奮。

「那我們稍微擺一下好了。」

看起來像是帶頭者的紫色忍者最先發聲說道。過了一會兒，原本有些怯懦的四名女子開始擺起了很酷的姿勢，有的是單腳抬高，有的是擲暗器，感覺像極了真正的忍者。不需多說，她們又再換了好幾個姿勢，而我們也和她們一樣高興地一直拍個不停。如果我們拿這些照片跟朋友說看到了伊賀忍者，應該也不會有人懷疑吧。正在開心的時候，她們接頭交耳討論了一陣之後，對我們說：

「如果不介意，可以再幫我們拍幾張嗎？」

「好啊，當然可以。」

我們才剛說完，她們立刻從包包裡拿了東西出來，就往上野城的城牆跑去。我的內心深處突然湧上一股莫名的澎湃波濤。可能是因為她們看起來實在很勇猛的關係

吧，我甚至毫無根據地開始認為她們說不定就是忍者的後裔。雨勢已經悄然停歇，但是身為男性的我們也難以攀爬的陡坡……她們竟然一躍而上，並且開始爬城牆。我的天啊！甚至還有一名忍者突然拿出用來隱身的石頭花紋布來覆蓋身子。爬牆與隱身術！而且快速又敏捷！這一切都是在電影裡看到的忍者模樣。

這幾個人真的不是忍者嗎？或許單純只是她們的興趣，或者只為了滿足遠從國外來的旅客而表演的。但無論如何，對於曾經一度陷入絕望的我們而言，真是天大的幸運啊。

在我們愉快地和忍者們道再見後，她們轉身離開的步伐又再度變得和平常人一樣。不管她們是何許人物，我們會將這段愉快的記憶深記在心裡，即使再久也不會遺忘。生動的忍者姿勢、攀爬險峻城牆，這一切一切……。

Point
伊勢神宮

Route /共95mins,90.4km

上野市Uenoshi ▶ 伊賀鐵道 ▶ 伊賀神戸Igakanbe ▶

▶ 近鐵大阪線、山田線（特急） ▶ 伊勢市Iseshi

Stop 18
三重縣・伊勢市（JR｜參宮線・伊勢市站周邊｜本州之關西地區）

祈願的人們

日本人的心靈故鄉

「你們真的要去伊勢神宮嗎？」

「哇，太羨慕你們了！」

我們認識的日本友人們一聽到我們即將前往伊勢神宮，個個都打從心底羨慕我們。在神戶認識的亮甚至表示：「伊勢神宮是日本人在死之前，一生至少要去一次的心靈故鄉。」每個人都異口同聲說值得去，這更增添了我對伊勢神宮的期待。到底是多特別的地方呢？為何每個人都這麼推薦這個地方呢？至今已經在日本看過許許多多的神社，但是日本人如此憧憬的地方倒是第一個。可見伊勢神宮確實有它非凡之處。

從日本的建國神話中，可以知道伊勢神宮對日本人而言是多麼重要的地方。伊勢神宮所供奉的太陽神「天照大神」，是創造日本這塊土地的伊邪那岐（イザナギ）的左眼所生出的天女，天照大神後來派自己的孫子瓊瓊杵尊降臨地面來統治人類世界。瓊瓊杵尊的後代子孫就是日本的第一個君主——神武天皇。所以說，天照大神是太陽神，同時是日本皇室的祖先。因為供奉如此偉大的神，所以伊勢神宮被稱是日本人的心靈故鄉。

從JR伊勢市站搭公車十五分鐘之後，我們滿懷期待地找到了伊勢神宮。大部分人都會先從靠近車站的外宮開始參觀，然後再去內宮，但是我們沒有足夠的時間可

以參觀全部，所以決定先前往內宮。

雖然是星期日下午接近傍晚的時刻，但伊勢神宮仍然遊客眾多。內宮的入口有五十鈴河隔開聖界與俗界。內宮是聖界，若要到內宮一定得走宇治橋過河，但是剛好目前有工程在進行，所以改走臨時搭建的小橋。雅緻的橋樑與前方的小鳥居看起來顯得非常典雅。

內宮大約有兩千年的歷史，是日本最受尊崇的神宮。聽說是日本最古老的建築樣式，但如果期待會看到很巨大或壯觀的建築，那你可能會有些失望了，因為單純雅靜的模樣才是它的魅力特色。特別的是，這裡有「式年遷宮」的特殊傳統，所謂式年遷宮，是指每二十年就拆掉原有的正宮，另築新正宮的儀式，重新造出神的住宅與日用品，等於是幫神搬家的意思。在西元六九〇年第一次實施式年遷宮之後，已有一千三百多年持續這個古老的儀式，如今是第六十一次，下次的式年遷宮預定是在二〇一三年。

這樣誠心供奉神祇雖然很好，但是同樣的建築物拆了又蓋，未免太辛苦了吧，實在令我無法理解。更令人驚訝的是，每二十年重蓋的不只是正宮，連入口的宇治橋也是每二十年就重蓋一次，而且不是修整或復原，而是整個重新建蓋。不管怎麼說，幸好日本人善於保存管理，才能近距離參訪伊勢神宮，讓人心懷謝意。

走過兩個鳥居，以及內宮裡最具現代樣式的神樂殿後，便能看到正宮。在高度不高的石階右邊，正宮被巨木群和幾道牆層層圍住，更顯威嚴。正宮的內部只開放給皇室等極少數人，一般觀光客只能參觀正宮入口。在入口前，依序站著靜靜等待要祈願的人。我們用很短暫的時間虔誠祈禱之後，便以輕快的步伐走下石階。

走出正宮，還參觀了幾個別宮。別宮與正宮採相同的建築樣式，都是十分樸素的風格，也有許多人在參拜。他們心裡會怎麼想呢？虔誠祈禱的他們看到我們倆好奇探頭且一直拍照的模樣，不知有何感想？接著，我們又邁步走向五十鈴

苦苦等到今天才終於有機會來走宇治橋的人們，似乎因為不能如願，都只好站在進行工程中的橋頭前方，用相機拍照留念，聊表安慰。

河，打算返回俗界。途中看到一處池塘裡都是鯉魚，池塘旁有一群羽毛亮麗的雞群。據管理此處的大叔透露，這池子裡的鯉魚每尾都有一百萬日圓的身價，至於雞則是象徵在建國神話裡叫醒天照大神的鳥。

一走出伊勢神宮，迎接我們的是充滿食物香味的御蔭橫丁。寬廣的街道上全是遊客，宛如慶典般熱鬧，與剛才造訪的伊勢神宮的氣氛完全不同。我們比較喜歡這種熱鬧的感覺，厄除町與御蔭橫丁的街道讓我們明顯感受到一股愉悅感，看來我們真的只能當俗界的外國觀光客了。

尋訪御蔭橫丁老街

御蔭橫丁和伊勢神宮一樣人潮眾多，整條街都很熱鬧，是到訪伊勢神宮的遊客必定會逛的知名老街。街上到處可見日本傳統建築與各種表演活動。但最有名的莫過於這條街的各式小吃。

「好累啊。」

「怎麼了？」

「看到這麼多人在享受美食。」

我們各買了兩罐當地土產的啤酒。一打開瓶蓋，很快就喝光了一罐。

「剩下的等肚子餓時再喝囉。」

御蔭橫丁

在內山田車站前的1號站牌搭55路公車，坐到神宮會館前需十五分鐘。回程在下車處搭車即可。

彈珠汽水裝著回憶噹噹作響

暢飲聰明設計的Lamune

在人潮熱鬧滾滾的伊勢神宮前商店街、札幌的薰衣草公園、高松的街道，甚至京都小巷裡的商店，夏日炎炎加上處處人潮擁擠，令人感到疲累口渴，這時Lamune（ラムネ）就會出現在我們的眼前。一支支透明的玻璃瓶放在裝滿冰塊的圓木桶裡，讓人看了就忍不住想要掏腰包購買。

那麼，Lamune究竟是什麼東西呢？

Lamune！就是將砂糖或葡萄糖果糖溶解在水裡，再添加萊姆或檸檬香味的一種甜碳酸飲料。但它絕不是某特定廠商的品牌商品，有很多廠商都在販賣這種名叫Lamune的飲料。也就是說，如同可樂或汽水，Lamune也是一般名詞！這是由英文的「lemonade」一詞演變成的，因為是在明治五年五月四日首度發下製造許可，至今仍然將五月四日紀念為「Lamune之日」。

當美國商人馬休．培里登陸到浦賀時，Lamune首次在來訪的武士們面前公開露面。當時，打開瓶蓋時所發出的「砰」聲，讓武士們個個都以為是槍聲而嚇得拔劍，這段故事非常有名。然後大約在明治二十一年，也就是一八八八年左右，放珠子的瓶子造型首次在日本登場。如果先將珠子放入瓶中，然後在放入糖水和碳酸之後立刻搖晃，瓶內的氣體壓力會讓珠子往上衝而塞住瓶口，如此一來裡面的汽水就不會洩出，這就是製造出Lamune彈珠汽水的原理。

Lamune彈珠汽水最有特色的地方，在於它獨特的容器。透明或綠色半透明的瓶子裡，都有一顆珠子塞在瓶口，為了讓珠子在開瓶後掉落瓶頸，所以瓶頸會有比較細的部位。一九七九年日本公平交易委員會規定，只限瓶口有塞珠子的碳酸飲料可以稱為「Lamune」，所以說，如果容器不同就只能稱為「汽水」，而不能稱為「Lamune」。如此聽來，感覺這Lamune彈珠汽水是非常複雜而了不起的飲料。

但如果站在我們的角度簡單整理一下，把它想成「放在獨特容器的天然汽水」就對了。

好了，現在可以嚐嚐Lamune

了。首先，把包住Lamune瓶蓋的收縮膜撕開，會看到瓶蓋上方有個開瓶器。打開瓶蓋，有顆銀色珠子塞著瓶口，這時開瓶器登場的時候到了！將開瓶器靠在瓶口，用力壓一下珠子，聽到「砰」的清脆聲後，珠子隨即「咚」地往下掉進汽水裡。這時，滋滋聲作響，就像是珠子和碳酸發生化學作用似的。在珠子掉到瓶頸內凹處後，就可以喝Lamune了，滋滋滋的氣泡聲讓人感到清涼爽口。

神奇的是，如果喝得太急，珠子會堵住瓶口，汽水就流不出來了。所以，喝的時候要慢慢將瓶子傾斜到某個角度，讓珠子停留在瓶頸內凹處，再用正常速度喝。也就是說，當我們非常口渴、急著把瓶子倒立起來喝的話，瓶口就會堵住，如此一來就不會有汽水流進嘴巴或鼻子的情況發生了。

這種設計實在是太聰明了。此外，除了珠子塞住瓶口的獨特設計外，在珠子往下掉的瞬間所發出的砰聲，也會給人一陣快感，讓全身的疲勞隨之消散一空。喝汽水時，還會不時聽到珠子碰撞瓶身的噹啷噹啷聲，讓人感覺心情愉悅。細心體貼地讓人不可以喝太急，而且只賣一百至一百五十日圓的低廉價格！Lamune之所以會這麼受歡迎，

正是因為有這些魅力的緣故。這幾年考慮到顧客的各種喜好，甚至推出了咖哩Lamune、泡菜Lamune、芥末Lamune等等奇怪的口味，聽說也是人氣很高的商品。從今天起，如果走在路上發現到Lamune，請不要猶豫，別忘了要有自信地喊：

「請給我Lamune！」

Route /共130mins,140.5km

伊勢市Iseshi ▶ JR參宮宮線、紀勢本線、關西本線（三重號）▶ 名古屋Nagoya ▶
▶ 名鐵本線（特行μ-Sky）▶ 犬山Inuyama

Stop 20
愛知縣・犬山（名鐵本線・犬山站周邊｜**本州之中部地區**）

寫信給十年後的我

在宇治山田郵局

在犬山市的明治村，有個年代久遠的郵局，名叫宇治山田。它有名的地方除了古色古香的美麗外觀，還有比這個更具特色的，那就是能夠超越時空的寄信方式。在這裡，可以在十年後把信寄出去。這彷彿在電影或小說裡才可能發生的事，卻能在此地實現。

但我該寫信給誰好呢？如果是已婚的人可以寄給老婆，那會很有意義；如果還未婚，可以寫給最想談話的對象。所以我該寫給父母嗎？朋友嗎？苦惱了一陣子，我決定寫給「我」自己。如果寫給自己，不僅毫無負擔，也能暢所欲言，或許能給十年後的我某種激勵作用也說不一定。我實在很好奇收到信時的我將會是何種表情。

但因為收件地址限定在日本國內，所以我打電話問了朋友美保子，想要借用她的地址。

「可是我不知道十年後是否還住在這裡，這樣也沒關係嗎？」

從大學起就已熟識的老朋友美保子，有點擔心到時候說不定會收不到這

20 寫信給十年後的我

封貴重的信，但就算那樣我也不會在意。此時此刻可以在這裡寄出這麼特別的信，就是一種樂趣了。偶然像這樣跳脫平常的框架，是多麼酷的一件事啊！我真是個超級幸運兒。

以後說不定會演變成宛若電影情節般特別的這封信，寫起來卻不如想像中那麼自在。艾尼歐．莫利柯奈的音樂流洩著，在寫下任誰看了都會感動的名句之後，面帶自信笑容地寄出信件的戲劇性場面，可不是說做就能做到的。天啊！我以為會有說不完的話要寫，但真的舉起筆來了，卻沒有特別的話可以寫。寫信給自己……呃，我心裡原本滿懷的興奮悸動，因為不曾寫信給自己而變得不知所措，寫不出什麼句子。一想到是寫信給自己，就感到羞怯、有壓力了。我寫的彆扭句子是什麼東西啊？現在我才明瞭，原來我面對自己時是這麼不自然、不自在啊！在紙上努力揮舞的筆，最終停下來了。

不知不覺中，我已經寫完了一封信，這下子我變成這世界上對自己嘮叨最多話的人了。然而，大部分都不是什麼積極且實際的內容，而是提一些模糊的預測和提醒的論調。與其說是與自己對話，倒不如說是單方面的陳述而已。在短暫瞬間，腦子裡突然浮現了很多事。寫一封信竟然是如此困難的事！我原以為很瞭解自己的，但事實似乎並非如此。不過，即使是不帶任何情感的短文，時間這魔法也會給予它特別的力量。有時候，時間具備了實現神祕事件的驚人能量。

我堅信時間的力量，所以認真完成了寫給自己的信。經過這般苦思寫出來的內容當然是真心誠意的。我一邊想，一邊安慰自己的辛苦。包含寄送以及十年的保管費，總共是三百日圓。才三百日圓就能送給十年後的自己一份驚訝與喜悅，一想到這裡就倍覺幸福開心。十年後，我收到信會是何種表情呢？希望不會是於心不安的表情啊。

十年後的某一天，收信人是我的這封信，說不定是我與相愛的人一起拆開的，然後高興地開個派對也說不一定呢！

光是這麼想像，就已經像嘴裡含著薄荷糖般的爽快，忍不住露出微笑。這趟旅行因為有這一封信，又增添了一件有意義的事情。

能夠寫信給十年後的我，這件事本身已經令我感到興奮悸動，心懷感謝了。如果運氣夠好，能收到這封信的話，我會很感動的。但如果無法收到這封信，我也不會在意。因為這是我來此之前連想都沒想過的事。

讓時光回到過去的明治村

在雨下不停的某一天，尋訪明治村。

明治村是將日本明治時代的建築加以復原而建造的博物館，感覺像是搭乘時光機去旅行。

在八月舉行「明治村之夜」期間，處處可見穿著傳統服飾的民眾。聽到這裡，我有點捨不得離開。還剩一個月就到了，早知道就晚點兒來。

這時，屋外又開始下起了小雨。

明治村

從名古屋車站搭急行列車，坐到犬山站約需三十五分鐘。接著在犬山站搭往明治村的公車，於終點下車。到此地參觀約需半天時間，所以最好先規畫好再前往。

入場券1600日圓。

www.meijimura.com/index.html

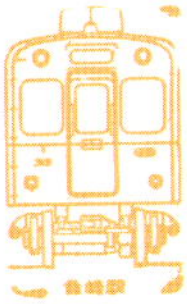

Stop 21
岐阜縣・高山（JR｜高山本線・高山站周邊｜**本州之中部地區**）

飄雨的街道

到處閒逛的一天

在旅途中遇到下雨天並不是件快樂的事，因為旅客只要一遇到下雨，心裡就會犯嘀咕，或認為自己既然都到這裡來玩，老天何苦要下雨？

誰希望在旅途中特別日子的回憶裡，是天空烏雲密布，必須撐把雨傘才能出門，而且一出門就會弄濕鞋子，做什麼事都很不方便的畫面？即使如此，卻無法將下雨天像傳染病一樣徹底驅趕。然而，在觀光地區遇到討厭的下雨天，對有些人來說卻是件快樂的事，特別是那些對雨有偏好的人，或是那些想要洗滌身心的人，以及思考正面又樂觀的人，還有那些沒有特定行程而喜好自由行的人，都可能是不錯的事。

雨水紛紛滴在玻璃窗上滑落下來，透過這樣的窗口所看到的風景另有一番風味，就像在冬天裡喝一杯可可亞一樣給人心溫暖的撫慰，特別對打算長期旅行的人更是如此。這種旅行很容易受到一時情緒的影響，而在一、兩天內衝動地放棄原本的旅行計畫。只要願意放棄「旅行必得看到什麼不可」的強制觀念，以及「旅行中非得見到溫暖的太陽不可」的想法，就沒有比下雨更舒適又有魅力的日子，反正下雨打亂了既定的行程，也就可以適度地放鬆自己，度過悠閒的時光。

趁著這種下雨天，剛好可以紓解

21 飄雨的街道

緊繃的身心，隨心所欲到處去逛一逛，如果走到感興趣的地方，也可以適時地走進去參觀。如果覺得所在地不錯的話，可以多走走；要是連出門也不想的話，可以整天都待在旅館的房間裡，出神地望著窗外一整天，這一天就當作休息，享受一段悠哉的時光！對長途旅行的人來說，下雨的日子帶來了溫馨親切的感覺，而高山市對我們來說就是這樣的地方。

高山市的天空從一早就滿布烏雲，整天都下著雨。在下了一陣傾盆大雨之後，會歇息一陣子；但當雨傘上的水滴都乾掉時，又開始飄起雨來，滴到我的頭上，真是令人生氣的雨滴！我是不是該乾脆隨身攜帶晴天娃娃呢？由於無法像哄鬧情緒的女朋友一樣哄天氣，只好決定這一天看天氣狀況悠閒行事。

這樣悠哉地過一天應該不錯吧，既然下雨是無法避免的，就該讓自己開心起來。卸下負擔後，心情馬上轉陰為晴，那些僻靜的巷弄反倒因為壞天氣而開始進入到我的內心，本來不太會去注意的風景也漸漸地深入我的心坎。因為下雨的關係，已經疲憊的身心不知不覺地再

Point

飛驒的小京都

Route /共150mins,166.7km

名古屋Nagoya ▶ JR東海道本線、高山路線（超廣角飛驒特急號）▶ 高山Takayama

21 飄雨的街道

今天是一睹經過雨水洗滌後的古都庭院的大好機會，像這種古香古色的城鎮在被雨水淋濕後，所散發的韻味更上一層樓。

度恢復了活力，沒錯！只要想法改變，一切也就改變了，所以一切安排得剛剛好！

高山市是個讓人覺得格外幽靜又清新的地方，車站並沒有特別大，卻有許多外國觀光客坐在候車室裡等待。觀光服務中心具有濃厚的鄉土風情，磚塊密實鑲嵌的街道、色彩鮮明的柏油路，以及百看不厭的古屋，不大不小剛剛好的城市，不知是否因為下雨才會有如此的感覺，但可以確定的是高山市非常整齊俐落，在陰雨的日子裡更像寶石般閃爍著耀眼的光芒。在高樓大廈間看不到的特殊寂靜及抒情景象，充分地讓心靈獲得沉澱，這種感覺不僅帶給人們新奇的感受，也讓人們安心。

「三之町」這個地方是我們決定到高山市的理由，大約在四百多年前，高山市的城主以京都為藍圖建造了街道，使得高山市有「小京都」之稱，因此高山市被當成觀光景點的理由相當充分。但是我們已經看過京都了，在伊勢市時也聽說這裡的氣氛和欒蔭橫丁很相似，所以沒有特別要到此一遊的想法，說不定是因為這樣，對高山市更懷有一種別無所求的輕鬆心情。

不過，三之町打破了我們原本不抱期待的想法。它是個風景優美的地方，古香古色的房子經過時間的彩妝，整齊地肩並肩對望，形成一條充滿藝術氣息的街道，散發出絕美的氛圍。木造建築雖然歷史悠久，卻不顯得

老舊；工藝品店林立的老街上，向觀光客敞開的大門，攀附在窗格子上的紫色牽牛花，沒有五官的紅色飛驒娃娃等等，雖然是模仿京都的氣氛，但和京都相比卻別有一番風味，雖然幽靜又不像京都那麼安靜，雖然人很多，卻不像禦蔭橫丁那樣嘈雜。

我們步行在經過雨水洗刷後更顯得清新的房屋和柏油路上，聞到一股分不清是雨水，還是古木被雨水淋濕的味道，留在鼻端久久不散，這股奇妙的氣味讓我的心情相當愉快。在屋簷底下避雨的人力車夫們的呼氣，混著菸味消失在雨滴之間。因為下雨的關係而變得朦朧的異國風景，彷彿一張美麗的明信片攤在我們的眼前。

我們繼續懷著好心情在雨中散步，飽含水氣的中橋就像塗上一層亮光漆似的，在閃亮動人的紅色中橋下面，看得到湍急的宮川江。江水因為連日來的大雨而變得混濁湍

21 飄雨的街道

急，看樣子短時間內還無法平靜下來。

因為下雨，我們才得以行走在被雨水沖洗過的乾淨街道上，旋轉手中的雨傘，尖端的雨水四處飛濺。我們走進超市，採購比平日更豐盛的食物帶回旅館。為了溫暖因為雨天而下降的體溫，很早就用熱水沖好澡，換上一套舒適的家居服，打開電視，暢飲著啤酒。

窗外接近暴雨的強大雨勢淹沒了四周的聲音，我們用自己的話題來填滿整個空間。叮咚叮咚滴落地面的雨滴被車輛輪胎滑過的聲音，和我背後的電子壺燒水聲相契合，觸動了我的神經。因為雨絲的朦朧效果，平日刺眼的車燈讓我感到溫馨，啤酒喝得很過癮，食物也吃得很飽足，現在的我甚至由衷地希望雨繼續下。就像在無所事事的星期日午後般聽著慵懶的音樂，這種勾起鄉愁的特殊氣氛，讓我的心情變得很好。

下雨的夜晚帶領我們通往另類的慶祝會。

高山市的清晨逸趣

「請來嚐嚐鮮嫩多汁的芒果！」

「紫桃一粒一百日圓！」

「番茄啊，番茄，另外還有爽口的香瓜。」

才一大清早，宮川朝市已經充滿活力。在打開的箱子裡擺放著各種蔬菜和水果，看起來十分新鮮美味，讓人真想立刻拿起來咬一口。市場中的名產就屬御手洗丸子（在糯米糰上抹醬油糖汁燒烤而成）和蛋菓子（日式厚煎蛋的一種），最能吸引客人的腳步上門，人氣最旺獨占鰲頭。因為經費嚴重不足，我下定決心不再買東西來吃，卻不知何時，手裡已拿著沾有醬料的昆布餅：「真好吃。」

宮川朝市

宮川朝市，迄今已有五十年的歷史，屬於日本三大名市之一，分布在宮川江邊和高山陣屋前兩處。

6:00~12:00，冬季7:00~12:00。

金澤

富山縣・金澤 | JR | 北陸本線・金澤站周邊 | 本州之中部地區

Stop 22

民宿的夜晚越夜越美麗
魔法之家Pongyi的迎新之夜

「您好！歡迎來到Pongyi！」

當我們找到金澤的Pongyi民宿時，民宿主人Masaki先生興高采烈地迎接我們，他身穿寫著「Pongyi」字樣的大紅色T恤，紮入拉到胸部高的黑褲中，圓滾滾的臉蛋頂著一頭方便做事的短髮，在穩重的四角眼鏡下流露出溫煦的目光，他的外表不俗。

「請問您是從哪裡來？中國？韓國？」

滿臉笑容的主人對我們充滿好奇心。至今我們到過許多的飯店、旅館和青年旅館，但像這樣真心款待我們的主人卻是頭一個，讓我們覺得有點受寵若驚。

「真是太神奇了，從開幕到現在不過才一個月，你們是如何找到這裡的呢？這也算是一種特殊的緣分吧？」

也許是其他旅客都出門了，民宿裡空無一人讓主人覺得太無聊，連叫我們把行李放下的話都忘了說，就和我們閒聊起來。素未謀面卻感覺一見如故，我們並不討厭這位喜歡聊天的主人，因為在日本的旅途中，又有誰會這樣積極地找我們聊天呢？

「想來看什麼呢？」

「聽說東茶屋街很有名。」

Route /共145mins,148.8km

高山Takayama ▶ JR高山本線（超廣角飛驒特急號）▶ 富山Toyama ▶ JR北陸（白鷹號）▶
▶ 金澤Kanazawa

「東茶屋街當然是絕不能錯過的觀光景點，但我個人更想推薦日本三大庭園之一的『兼六園』，那是每個日本人都嚮往的地方。」

當初透過網路偶然間尋獲的民宿，真是名符其實，讓我們非常滿意。不僅是因為這家民宿有著隱藏某種祕密的氣氛，以及喜歡聊天的主人，這地方之前還是經營了一百年的棉麻布店。民宿名「Pongyi」是緬甸語中「僧人」的意思。民宿主人透過朋友的幫忙才買下這棟建築，並沒有過多裝潢或大動土木，只是略加修繕整理就成了現今所見的Pongyi。

一百年的歲月所形成的滄桑，正是Pongyi才有的驕傲。民宿門前有條淺淺的小溪流過，若欲入內得走過紅色小橋；纏繞在籬笆上的牽牛花和花盆之間，有可以俯視小溪的黃色陽臺，如果小田切讓站在這裡抽著香菸揮揮手，一點也不會顯得突兀。

在我們進門時，還不知道Pongyi蘊藏了某種神祕的力量，獨特的外觀才只是開端而已。

「今天真熱，在這麼熱的天氣裡什麼都比不上一碗冰吧。」

午後，我們在逛完街後回到民宿，正在大房間裡上網時，Masaki先生前來串門子，他在冷凍庫的上方找東西，不一會兒，手上就捧著一臺精緻小巧的紅色刨冰機。

「這是民宿剛開幕時，朋友送給我的禮物，雖然看起來不起

眼，但刨冰的功能卻是一流，哈哈哈。」

主人搖動刨冰機的手把，隨著刨冰塊的窸窣窸窣聲音，轉眼間冰塊已變成白色冰末堆積在碗中。

「在這裡淋一些糖漿就完成了。」

主人將事先備妥的草莓和香瓜糖漿淋在刨冰上。這時，不知從哪裡冒出來的三名日本小姐以最快的速度帶著她們的碗來。

「這是免費的嗎？」

「真的嗎？」

她們用手端起冰品，發出日本人慣有的誇張讚美聲，因為在一般的民宿裡，除了正餐之外，幾乎不可能提供其他親手製作的食物給客人。

然而這還不是最精采的部分，不久後，Masaki先生開始叫所有人來集合，人們開始三三兩兩到大房間，也就是Masaki先生的房間集合。在房間的中央設有一張小木桌，上面擺滿了餅乾、可樂和啤酒。

「桌子上的食物請盡量享用，還有冰箱裡的食物也可以拿出來吃，Pongyi的一切都屬於在座各位的，這些食物都是曾經來過Pongyi的旅客所買來的。」

怎麼這麼棒，竟然連冰箱也是開放的。我們曾經留宿過許多地方，但作夢都想不到有這樣的地

方，這更凸顯出主人親切的微笑原來不只是表面上的禮貌而已，他真的是個好客的人。當我的內心產生這種信賴感後，才放下警戒心，把這裡當成自己的家一樣自在。

Pongyi的小茶會就要開始了，那氣氛好像是參加自強活動時剛放下行李就必須自我介紹一樣，心怦怦跳個不停，彼此覺得很尷尬，只好一直喝啤酒。這時主人開口說：「因為父母的關係，我在巴拉圭生活了七年，一直到中學畢業後才離開，然後到巴西生活了四年。進入大學後，又到巴西留學一年。大學畢業後在東京銀行上班，再被派遣到巴西三年，算起來在南美生活了十五年。」

我們全都像是晚輩在聽前輩說話一樣瞪大了眼睛，聆聽主人說話。

「在銀行上班十五年後，我辭掉工作到非營利事業機構NPO（Non-Profit Organization）服務，那時曾到緬甸體驗兩個月的出家人生活。光陰縱然短暫，卻讓我想了很多，回國後就開了這家民宿。因為忘不了在緬甸的體驗，所以將這裡取名為Pongyi。」

將鐵飯碗工作和穩定安逸的生活全都拋棄，然後開了這一家小民宿，真是不容易。主人的臉龐露出溫柔的微笑，看起來和剛才又略顯不同。

在那之後，大家開始輪流自我介紹，從兵庫縣來的石塚和奧田希美是專攻流行服飾的大學生，因為想要親眼目睹「二十一世紀美術館」的風采，所以到

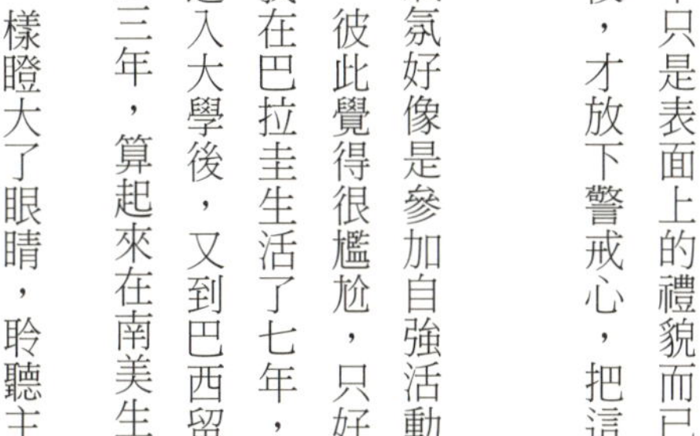

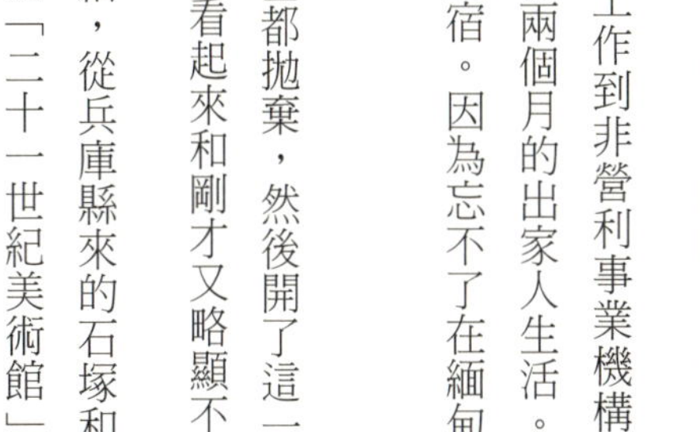

金澤來。而對東京的上班族竹山來說，這次的旅行是第一次獨自旅行。

「上回我騎著自行車去東茶屋街，因為太炎熱而感到有點吃不消時，店裡的歐巴桑就送冰塊給我，真是太好了。」說完就露出害羞的笑靨。看著她的表情，我們也被她感染得臉紅了。終於輪到我們了，他們全都是第一次遇到韓國人，因此在自我介紹後，我們立刻變得像外星人那般特殊，人氣迅速衝高，展開一來一往的提問和回答，讓人有些不知所措。不過，我們在幾口啤酒下肚後，雖然覺得有點天旋地轉，但那段時間卻完全不會不自在。

過了晚上十點，梳著雷鬼頭、一身結實肌肉的加拿大籍Darrell，和有雙深邃眼眸的瑞典籍Akron這對情侶相偕進門。他們是在澳洲留學時相遇的，剛開始是Darrell單方面的追求，Akron對於Darrell不修邊幅的外表並沒有好感，但Darrell持續癡癡地追求半年，最後終被Akron所接受。誠心誠意就能感動天的戀愛法則，似乎走到世界任何角落都會相通。

「既然全部都到齊了，那我們一起來放煙火好嗎？」

此時氣氛正好，Masaki先生提議要放煙火。在小茶會後，似乎又有其他活動在等待進行。

「在日本的夏天，沒有比放煙火更愜意的事。」

主人不知道從哪裡拿來裝滿炮竹的箱子放在地板上，炮竹多到像是要拿去賣似的。他抱著那箱炮竹走出去，當一支、兩支的炮竹被點燃時，我們開始高聲歡呼。

「啊，火花掉下來了！」

形形色色的煙火點亮了黑夜的天空，我們就像是這輩子第一次看到煙火似的，感到新奇又興奮。置身在一片煙霧瀰漫中，眼睛因受到刺激而眨個不停，但只要能睜開眼睛就想要看煙火。街道上有很濃厚的火藥味，真怕有人會打電話報火警，但比火藥味更濃郁的是人情味，籠罩著金澤炫麗繽紛的夜晚。這是一次神奇、不可思議，帶給人驚慌卻又不失有趣的經驗。韓國與日本、加拿大與瑞典等不同國籍和文化背景的人們，在日本小都市的老屋前集合起來放煙火！

玩了將近一小時的煙火，連經過民宿前的其他外國人也一起加入，總共有十四個人。在Pongyi的魔法下，我們感到非常幸福，金澤紅色民宿Pongyi的奇蹟活生生地展露在我們的眼前。

擁有魔法般夢幻魅力的這個地方，至今還念念不忘，真是讓人難忘的民宿。

Pongyi民宿
石川縣金澤市六枚町2-22
pongyi.com

Pongyi等於魔法

給 沈青輔

標題定為「魔法之家Pongyi」對吧？取得真好，到底是何種魔法我也很期待。真的有「Pongyi魔法」存在喔，因為這裡發生了許多奇妙又神祕的事情，舉例來說，我的兩個朋友來參加開幕派對，他們剛開始只是普通朋友，在Pongyi經歷了一段刻骨銘心的傳奇之後，幾週後就結婚了。就在不久之前，某天我突然有個念頭：「冬天如果有暖被桌該有多好。」沒想到隔天東京的朋友來電說：「因為要搬家，所以暖被桌用不到了，你是否需要？」這正是Pongyi的魔法。

除此之外，還有許多其他的美事。不久之前，我邀請認識的名笛子吹奏家和名小提琴家在Pongyi的露臺上舉行了小型演奏會，社區的人們和路過的行人加起來總共有八十多人，歡度了一個美好的時光。我對Pongyi這地方的期許就是不分國籍、年齡和過去，提供給所有旅行者重新出發過渡到下一段旅程的休憩所。我看你的文章感到很快樂，看來我們兩人的心靈還滿有相通之處。希望有許多人讀你的文章，過著幸福的生活。若是你還需要其他的協助，歡迎隨時與我連絡，期待下次再相見。

你在日本的朋友Masaki

關於最有日本味的

最有日本味的老街——東茶屋街。

如今我對傳統老街已經感到有些厭煩了，但每次都能讓我真實感受到依然身在日本。

在路上漫步，從古老的兩層木屋某處傳來了藝妓彈奏三弦琴的琴音。

東茶屋街

與西茶屋街、主計町茶屋街一起並稱為金澤的三大茶屋街。原本是上流人士的娛樂場所，現今完整保存了江戶時代的風貌。在兩百年歷史的木造建築裡，依舊有茶店、餐廳和禮品店。

代表日本精神的日式庭園

宏大、幽邃、
人力、蒼古、
水泉、眺望。
不僅擁有美麗景致，
託日本人擅長整理庭園之福，環境更加優美。

兼六園（けんろくえん）

被日本人選為三大庭園之一，從JR金澤站下車轉搭公車約十五分鐘，兼六園站下車徒步約五分鐘。

石川縣金澤市丸の內1-1
3/1~10/15 7:00~18:00，10/16~2/28 8:00~17:00。
六至十七歲100日圓，十八歲以上300日圓。
www.pref.ishikawa.jp/siro-niwa/kenrokuen/

Stop 23

富山縣・金澤（JR｜北陸本線・金澤站周邊｜**本州之中部地區**）
富山縣・滑川（JR｜北陸本線・滑川站周邊｜**本州之中部地區**）
長野縣・長野（JR｜篠之井線・長野站周邊｜**本州之中部地區**）
長野縣・松本（JR｜篠之井線・松本站周邊｜**本州之中部地區**）

金澤、滑川、長野、松本

旅行也有平淡無奇的時候

漫長一天的旅程

上午九點

糟糕！太晚起床了！今天一整天都是搭火車的行程。問題是，昨晚我們喝啤酒喝到深夜，唉，都要怪日本啤酒實在太好喝了。但如今已經後悔莫及了，原本計畫要搭早上九點的火車，卻在九點才起床，我們只好隨便盥洗一番，就急忙拿著行李離開住宿處。

今天的行程原本是要搭黑部峽谷鐵道列車，然而光是前往黑部的路程就必須花費不少時間，而且連之後預定要去的地點——松本可能也去不成。如果現在出發去搭黑部峽谷鐵道列車再到松本，能順利完成行程嗎？腦子裡一片混亂，哎呀，姑且先試再說吧。

上午十點

匆匆忙忙趕到金澤車站，然後到綠色窗口買了指定席的車票，就直接奔上火車。真是糟糕，得花太多時間在車程上了。要先坐兩小時的車到宇奈月溫泉，才能搭黑部峽谷鐵道列車，而且中途還必須換搭不屬於JR的富山地方列車。該怎麼辦才好呢？苦惱了一陣子之後，仍然想不出什麼好方法，只能祈求這一路的車程能夠銜接得很順利。

但是這火車呀，難道你就不能跑得更快一點嗎？

Route /共337mins,314.9km

金澤Kanazawa ▶ JR北陸本線（白鷹號）▶ **直江津Naoetsu** ▶ JR信越線 ▶ **長野Nagano** ▶ JR篠之井線（Wide View Express特快車）▶ **松本Matsumoto**

23 旅行也有平淡無奇的時候

上午十一點半

我們在滑川站下車，打算轉搭富山地方鐵道列車。詢問站務人員才知道，換乘地點是在JR滑川站的站外，必須出站，再走過地下道到對面去搭才行。我們無暇多加思索了，決定跑過去。很快地，車站已經出現在眼前。這座車站不同於JR車站，小小的，也沒有站務員，是一棟老舊又低矮的建築。陳舊的簡易車站和對面的JR車站相較之下，給人一種淒涼感。我們跑進車站確認火車時刻表，發現即使搭乘最接近的班次，也要等待三十分鐘。

從另一個角度思考，這代表我們終於擠出了一點空檔時間。從早上到現在，連一刻喘息的空檔也沒有，所以我們決定先走出車站去吹吹風，逛一下。一個人影也沒有，這真是個人跡稀少的偏僻小鎮。不過，這時我們看到有一位老爺爺牽著一對孫女，朝著我們走過來。

「你們好啊。」

「您好。」

我以為他們只是路過，沒想到這位老爺爺先開口跟我們說話。

「你們來旅行，是嗎？」

「您怎麼知道呢？」

「那個大背包是你們的，不是嗎？這麼大的背包大概都是背包客的裝備，不是嗎？」

「哈哈，您說得沒錯，是的。」

這位老爺爺是當地的居民，和我們聊了起來。他聽到我們要去黑部，立刻提到和峽谷鐵道列車有關的各種話題。

「住宿地點已經決定了嗎？」

「我們想先搭黑部峽谷鐵道列車，然後再前往松本，因為我們已經預約了松本的旅館。」

「如果是松本，嗯……這樣時間來得及嗎？從黑部到松本得花相當長的時間，而且從這裡搭到黑部就要花不少時間，如果按照你們的計畫，今天說不定得在黑部過夜喔。」

「真的嗎？會這麼花時間嗎？」

「搭黑部峽谷鐵道列車來回一趟大概就得花三小時，然後從黑部到松本至少要三至四小時，可是現在都已經快十二點了，就算趕路，大概也要晚上十點才能到達松本啊。」

瞬間我愣住了。飯店的入住時間是六點，日本人對於入住時間是很敏感的，遲到三、四個小時是不被接受的事。而且現在也不可能取消，就算不住，還是得支付住宿費。不管再怎麼著急，不論腦子再怎麼拚命想，似乎都不可能完整走完我們預定的行程，然後準時到達住宿地點。如果昨晚別喝那麼多，如果知道多一點資訊，就不會發生這種事了。如今雖然後悔已晚，悔意還是如同潮水般不斷湧上心頭。

「真糟糕，看來我們得放棄黑部峽谷鐵道列車了。既然住宿地點都已經預約了，現在應該馬上前往松本才行。」

「這樣真是可惜啊。下次有機會，你們一定要去看看。」

老爺爺拿出香菸，點了火之後，轉身走回剛才來的那條路。我們一直對他們搖手道再見，直到看不見他與兩個淘氣小孫女的身影為止。背起背包，我們再度邁步走回滑川車站，由於對黑部峽谷鐵道列車念念不忘，一時之間整個人心頭好沉悶啊。

下午三點

到達長野站了。從滑川站到松本，必須在長野站換車。不管是哪個車站，只要一下車，我們都會先去確認列車時刻與搭車月臺。現在我們對於等火車這種事已十分駕輕就熟了。仔細算一下，距離出發時間還有十七分鐘的空檔。可是肚子卻開始餓了起來。

這時，我看到月臺前有家小小烏龍麵店。哇啊！月臺上竟然也會有烏龍麵店！之前頂多只在驗票閘門附近看過烏龍麵店或拉麵店，但在月臺上面開烏龍麵店，倒是我頭一次看到，簡直就像是韓國大田站的月臺上面開的小麵攤一樣。肚子餓得咕嚕嚕叫，我們不加思索，立刻就往烏龍麵店走去。

首先必須在自動販賣機買餐券，價格大約都是三百至四百日圓，很便宜。菜單共有十五種，除了溫泉蛋、醬油拉麵、鮮露蕎麥麵以外，其餘十三種都是烏龍麵類。然而，在吃過讚岐的烏龍麵之後，雖然在其他地方也吃過幾次烏龍麵，但都大失所望，所以這次我們不點烏龍麵而點了拉麵。拉麵啊拉麵，快來喲！我們點的拉麵果真很快就上桌了。不過，看起來十分簡單。看似平凡的湯汁裡，配料只有炸粉、兩片海苔、一點點的葱末。才三百二十日圓的拉麵，實在不能要求太高（這拉麵是我們在日本吃過

最便宜的價格）。

我們舉起筷子時並沒有太多期待，可是，呼嚕嚕，吸了一口麵到嘴裡，哇啊！味道太棒了！可能是利用換乘火車的時間來吃拉麵的緣故，顯得更加美味可口。但怎麼會如此好吃呢？便宜的月臺拉麵竟然有這番絕佳的口味，令我們讚不絕口。老闆娘看到我們讚許地聊著天，小心翼翼問我們：

「你們……是哪裡人？」

「我們是韓國人。」

「噢，是和裴勇俊來自同一個國家，我正在猜你們說的是韓語呢。」

「是，哈哈哈。」

「怎麼樣？拉麵還合你們的口味嗎？」

「真的很好吃，好吃到我們都要感動流眼淚了。」

「這樣就太好了。對了，你們是要來長野旅行嗎？」

「不，我們是因為換乘火車而暫時下來，準備要前往松本。」

「你們來日本多久了？」

「兩個多星期了。」

「兩個星期了？看來你們很有錢喔，旅行時要格外小心一點。長野這邊還好，但是這幾年日本變得不太安全，到處都有很多危險的事發生。」

「謝謝您，但是我們帶的錢並不多，所以不必這麼擔心。」

這位老闆娘的表情雖然木訥，我們卻真心感受到她擔心陌生異國旅人的心意。如同這碗好吃的拉麵，她的心地也一樣好，真是個大好人。這份親切令我感到肚子好像也跟著飽了兩倍之多。

下午三點半

我們仍然在長野站。因為一邊吃拉麵、一邊和老闆娘聊天時，錯過了火車。現在當務之急是必須配合入住時間到達旅館才行。雖然有些緊迫，但幸好在一個小時後就有前往松本的火車。呼！這時才好不容易鬆了一口氣。票也預約好了，在候車室稍作休息，等時間到了就去搭火車。走向候車室的途中，我們在商店前面發現了名叫烤蕎麥餡餅（おやき）的日本餅。

哇，看起來似乎十分好吃。即使剛吃下肚的拉麵還來不及消化，我們也毫不猶豫就決定要把這餡餅當成餐後點心。我們選了寫著「人氣第一」的野澤菜口味。一口大小，拿在手上的觸感像是外皮緊實有彈性的樣子。可是一咬下去，呃啊！這到底是什麼味道啊？餡餅裡的內餡甜甜苦苦又濕黏，是某種我沒嚐過的菜，有著摻

了口服暈車藥的那種味道。這使得剛才那碗拉麵的美味記憶，瞬間像搭載火箭飛向仙女座星系般消失不見了。後來就算我吐掉後用可樂漱口，那股味道仍然揮之不去，真是太強烈了。我們這才領悟到，真的是不可以胡亂吃東西啊。

下午五點半

終於到達松本站。這一整天沒做什麼特別的事，卻感覺過得十分漫長。或許是因為總算到達目的地了，終於感到安心，即使是初次來到松本站也倍覺親切。回顧今天從早上九點開始到將近下午六點才結束的行程，總共花費九小時。在這麼長的時間裡，都只是反覆做著搭火車、下火車這種事而已。從車站走向住宿地點時，雖然很想瞭解一下松本，但身心卻已如千斤萬斤重，提不起勁來。

都是因為太晚起床，造成我們必須放棄黑部峽谷鐵道列車。還有，錯過火車也導致時間與計畫表整個被打亂，多走了許多冤枉路。但話說回來，旅行時本來就不會每天都是特別的日子，偶爾像這樣遇到不曾料想到的人事物，適度流浪一下，也沒關係。儘管平淡無奇，但我們也自得其樂，這樣就足夠了。

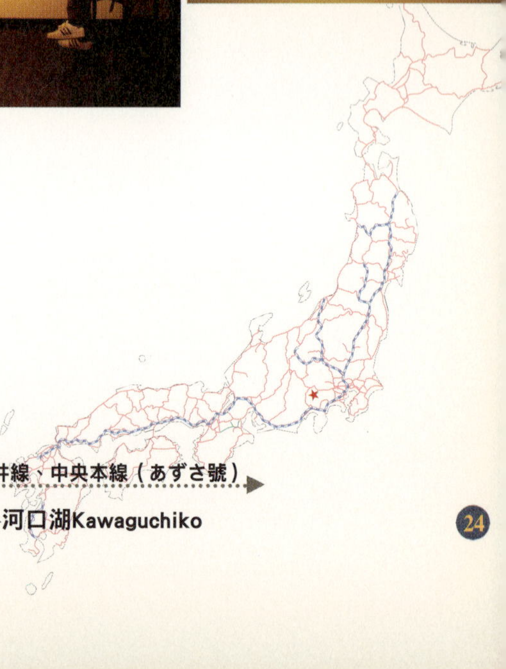

Route /共180mins,174.2km

松本Matsumoto ▶ JR篠之井線、中央本線（あずさ號）▶

▶ 大月Otsuki ▶ 富士急行 ▶ 河口湖Kawaguchiko

遇見木之花美術館的達洋貓

貓咪美術館

「無聊的話題就到此結束吧。」

金色眼睛的貓咪達洋（Dayan）說。

「重點是在富士山附近的河口湖有一個名叫木之花的貓咪美術館。」

達洋貓的下巴靠在木桌上，大眼睛咕嚕咕嚕轉的模樣超級可愛。

「名叫貓咪美術館當然不是只有貓咪，只是以貓咪為主角，但那也不是件多重要的事。」

達洋貓啜了一口放在桌上的熱紅茶，紅茶的滋味似乎很好，讓牠的嘴角泛起一抹愉快的微笑，繼續說著：

「您不覺得在下午三點所喝的紅茶有些特別嗎？您如果喜歡貓咪的話，就不要再猶豫了。如果您喜歡的貓咪是尖耳朵配上長尾巴，渾身有灰褐相間花紋的雄貓，那就更棒了！這裡有太多這樣的貓咪。」

喝完最後一口紅茶的達洋貓，好像想起什麼似的突然從桌上一躍而起：

「很抱歉，我可以一邊打包行李一邊和您聊天嗎？其實我現在必須要去阿勒斯。我收到巴黎舉辦的小貓咪會議邀請函，我又不是小貓咪，真不懂他們為何要寄邀請函給我，到底巴黎在哪裡啊？」

話語中帶著不滿的語調，不停嘀咕的達洋貓，在家裡到處轉來轉去，不知從哪裡拉出一只皮箱。

「我不是在瓦奇菲爾德出生的，正確的說法是從阿勒斯移居到瓦奇菲爾德。啊，對了，所謂的阿勒斯就是指您所居住的地球。」

達洋貓口中唸唸有詞地打包著行李，聽起來又略帶點興奮的語調，看來去巴黎的事並不讓牠討厭。

「也就是說我住在阿勒斯的里培特希伊，和少女莉瑪住在一起。那天剛好是莉瑪的生日，家中來了一大群人，我受不了吵雜而跑出去散步，不巧竟然遇到暴風雪。」

達洋貓在皮箱的口袋內塞入飛機票，然後繼續說道：「我在看不見前方的暴風雪裡走著，忽然聽到不知道從哪裡傳來的悠揚音樂。循著音樂聲走，看到有許多動物們聚集在一起跳舞，那天剛好是瓦奇菲爾德的慶典首夜，我很幸運在雪魔法的引領下來到塔希爾村莊。」

達洋貓打了個大呵欠，開始用舌頭舔身體：

「總之，這裡的動物是兩腳站立行走，會開口說話。雖然過去曾經是阿勒斯的一部分，但不可以認為這裡就和阿勒斯完全一樣。這裡有各式各樣的國家和城市，生活在其間的都是像我一樣的動物或是魔女。因此，貓咪會說話、用兩腳走路，根本就不算什麼。」

專心說話的達洋貓，大大的瞳孔散發出金色的光芒：

「您若對那些事情不會感到大驚小怪，那麼您在這裡就會有很多事情可以做。從兔子瑪西開始，可以聽到她大家庭的熱鬧故事，可以和鱷魚伊凡一起喝酒喝到酩酊大醉，吉坦貓會想要演奏樂器給您聽，而魔女三姊妹說不定會找出您真正的生日。」

不知不覺中，行李已經打包好了，達洋貓從地上站了起來：

「所以無聊的話題就到此為止，『請來這裡玩』、『這裡很棒』這種俗套的說詞就不必再說了。其實，這裡也可能是隨處可見的平凡美術館，反倒是剛好位於富士山下的美麗河口湖，所以才會如此有趣。如果下次再來的話，有我和瓦奇菲爾德的朋友們隨時歡迎您。」

談話結束後，達洋貓打開門扉跑去庭院，爬上了在那裡等待牠的慈祥老奶奶的膝蓋上。不久之後，那隻令人無法捉摸又感到唐突的貓咪憑空消失得無影無蹤，只聽得到一隻可愛動物的打呼聲，那隻動物把身體蜷成一團球狀，進入甜美的午睡時間。

HELSINKI MAP
アヴィニョン
ツーリズム

聽到音樂盒之森的樂章

去貓咪美術館之前，順便先繞到音樂盒之森，那是如童話仙境般的地方。

在幾年前的冬天，我曾經為了送音樂盒給女朋友當聖誕節禮物，找遍了首爾的各個角落。那個音樂盒上緊發條後所飄出來的旋律，至今依然迴盪在我的耳際。如今雖然不打算購買，我仍舊為音樂盒上緊發條，並佇足良久。

音樂盒之森美術館

搭乘富士急行線在河口湖站下車，轉循環（レトロ）公車，車程約三十分鐘。

- 山梨縣南都留郡富士河口湖町河口3077-20
- 9:00~17:30
- 公車兩日票1000日圓，音樂盒之森的成人入場券1,300日圓。
- www.kawaguchikomusicforest.jp/forms/top/top.aspx

木之花美術館

- 山梨縣南都留郡富士河口湖町河口3026-1
- 3月至11月9:00~17:00。12月至2月，平日10:00~16:00，假日9:00~17:00。
- 成人500日圓。 www.konohana-muse.com

坐在火車裡

如今我對於搭火車、下火車、在火車裡度過時光的日子，已感到越來越熟悉。
但一上火車，我還是像參觀新奇事物似的，會一直望著窗外看個不停。

然後偶爾，會像有人擰了我的手臂似的，眼淚奪眶而出。
湧現的回憶雖然不是太久遠的事，卻宛如走過遙遠路途的感覺。

坐在火車裡，無法忘懷的記憶莫名地浮現在腦海中。

突然間，想起某人。

Point
電影《現在，很想見你》拍攝地

Route /共140mins,85.8km

河口湖Kawaguchiko ▶ 富士急行 ▶ 大月Otsuki ▶ JR中央本線（かいじ號）▶ 甲府Kofu ▶ JR中央本線 ▶ 韮崎Nirasaki

Stop 25 山梨縣・韮崎｜JR 中央本線・韮崎站周邊｜本州之中部地區

北杜

向日葵花田的奇蹟
現在，很想見你

北杜的向日葵花田是電影《現在，很想見你》的拍攝地點，但正要前往時，卻下起大雨。沒想到偏偏在我們要觀賞向日葵的日子下雨，唉，一想到本該對著太陽綻放花容的向日葵挨著雨絲的模樣，就提不起勁去賞花。雖然我不是特別喜愛向日葵，但腦子裡一浮現花朵被雨打的景象，就不禁心生憐惜。

列車開往韮崎站的沿途，也不見雨勢有停歇的跡象。抱著即使下雨也要看向日葵的決心遠道而來的我們，覺得天氣好無情啊。但這就好像在接到邀約電話時就已經下了三十分鐘的雨一樣，既然答應邀約，就不能三心二意地走回頭路。

要前往北杜，必須在JR韮崎站搭公車，車程約三十分鐘，而且公車一個小時才一班。我們先將行李放在車站的置物櫃內，再走到站前的公車站等公車。雨勢仍然滂沱。比我們更早到的一對老夫婦坐在公車站的長椅上聊天，我聽到他們的談話主題都是向日葵。好像是因為老奶奶從很久以前就要老爺爺陪她來觀賞向日葵，卻一直到今天才成行，偏偏又下大雨，運氣實在不好。

但是老奶奶一點兒也不在意這樣的天氣，

25 向日葵花田的奇蹟

似乎只要能去嚮往以久的地方就心滿意足了。沒多久，又來了兩個看起來像母女的年輕媽媽與學生，還有一對中年夫婦。他們才剛到，等待的公車就來了。

公車裡的氣氛並沒有想像中無聊，反而很有趣。雖然是平凡的一輛公車，但司機透過麥克風告訴我們這個地區的故事。他頗富才華的說話方式讓乘客們覺得很有趣，趣味的程度可能連一般觀光巴士都望塵莫及呢。司機和乘客們互相談話，不知不覺間，車內像在開班級週會的教室般，氣氛非常熱絡。聽著他們愉快的對話，原本因為下雨而鬱悶的心情也隨之變得輕鬆許多。

公車在經過以阿爾卑斯為主題的海蒂村（ハイジの村）之後，眼前隨即出現黃色的向日葵花田，而且有各種顏色的雨傘在花田四周隨意移動著。

一下公車，滂沱大雨傾盆而下，雨絲比我們在搭公車時更加粗大。環顧四周，都找不到適合躲雨的地方。我們左方的停車場雖然有休息室，但已經擠滿了躲雨的群眾，而位於下方的小商店也一樣。我們決定放棄尋找躲雨的地方，直接去賞花。反正人都來了，既然早已覺悟會有這種情況，當然沒有什麼是不可行的。

「全會場盛開十萬朵花。」

在木製告示牌上貼著的紙張因為被雨淋濕而變得皺皺的，看到上面寫著這裡盛開的花朵竟然多達十萬朵！我們這才為之精神一振。如果是真的，那真是太罕見了！我們先走到能夠俯瞰向日葵花田的一處高地。哇啊！親見看見了這輩子從未見過的壯麗景致。十萬朵向日葵同時綻放的美麗，簡直無法以言語形容。即使雨勢很大，向日葵花朵還是雄糾糾、氣昂昂地抬著頭。不管雨勢如何，向日葵就是向著太陽的花朵，這種天性始終如一。也正因為向日葵有這般魅力，為此著迷的人們都想拍下向日葵的風采，小心避開泥濘路，專注地拍照著。

或許是向日葵的心意傳達到了天庭吧，原本兇猛的雨勢慢慢減弱了。天空原來積滿的烏雲也漸漸消退，開始展露出藍色的天空。更神奇的是，溫柔的陽光只降在向日葵花田上。這一幕實在太美麗了！陽光有好一陣子就這麼包圍著向日葵花田，宛如在擁抱著相愛的戀人。凝結在花瓣上的雨滴，在陽光的照耀下晶瑩閃爍著。我這輩子大概都不會忘記這一幕，這份不曾感受過的莫名感動讓我的心為之撼動久久不能自己。

向日葵對太陽的愛彷彿也傳給了所有人，手拿相機的戀人們更加忙碌地擺姿勢拍照，處處都有幸福的笑聲此起彼落。這些笑聲強烈到連周圍的人也一個接著一個被感染。我想，這次偶然啟動的旅行，或許是上天為了讓我們遇見這份幸福也說不定呢！風吹來，盛開的十萬朵向日葵隨之輕輕搖曳。光是靜靜欣賞，心情也變得舒坦，連我的嘴角也不知不覺泛起了微笑。

二〇〇九年八月的某一天，下雨過後的北杜向日葵花田裡，愛與幸福的奇蹟正在盛開綻放中。

初次在雨天欣賞向日葵，其姿態昂然，不因雨勢而改變美麗。儘管有些花朵因而低下了頭，但更多的花朵都是雄糾糾昂首的模樣。

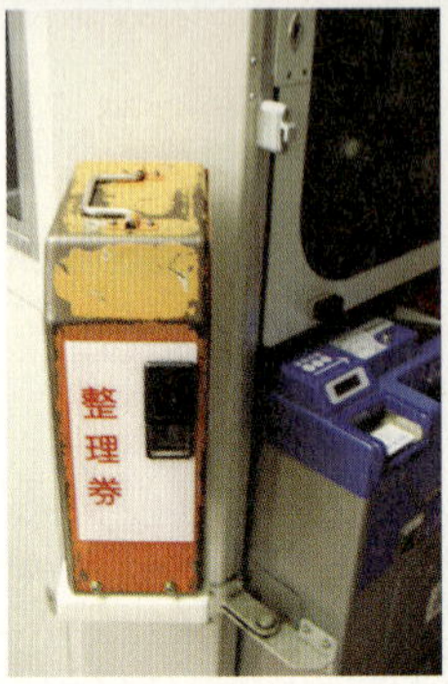

Route /共154mins,115.8km

韮崎Nirasaki ▶ JR中央本線（あずさ號）▶ 小淵沢Kobuchizawa ▶ JR小海線 ▶ 小海Koumi ▶ JR小海線 ▶ 佐久平Sakudaira ▶ JR長野新幹線（あさま號）▶ 輕井澤Karuizawa

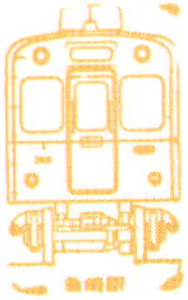

誤點的普通列車

深夜列車裡的風光

「列車因信號故障誤點，敬請原諒。」

當車站人員在廣播道歉聲明時，我們正在車站內奔跑。在北杜看完向日葵後，要轉搭往輕井澤的列車，但因換車的時間很緊迫，所以必須用跑的。什麼？列車會誤點，看來可以不用跑了。託此事之福，讓我們得以喘了一口氣，但當時我們還不知道這是一場漫長等待的開端。

原本五點五分出發的列車，在十分鐘之後、三十分鐘之後、一小時之後都還沒有出現。取而代之的是我們必須一直反覆聽著相同的廣播語調說：「列車因信號故障誤點，敬請原諒。」我們是身在列車一向準時到達的日本，如果是在韓國，馬上就會有人抗議，到處都會聽得到有人大聲咆哮。但是這裡的日本人除了因等待而稍微露出不悅的表情之外，並沒有出現其他的反應。

就在無聊的等待和反覆的廣播已經到達我們的忍耐極限之際，一輛顯示清晰可見的「普通」兩字的藍色古典列車開進月臺。列車一進站，散坐在車站內各處等車的人們拍拍屁股站起來。

「什麼！到現在才出現，真是令人討厭的列車。」

「真的等好久。」

正值飢腸轆轆的晚餐時間，一等就是一個半小時，當然會滿腹牢騷，

群眾雖然口中抱怨連連，但因等待而出現的痛苦表情已經一掃而空，亢奮群眾的聊天聲在登上列車、坐上座位之後，仍舊持續了一段時間。

「雖然有點吵雜，但只要列車一開動應該就會安靜下來。」

話雖如此，但我們也一同參與了這股騷動，聊得很起勁。現在雖然是日照較長的夏天，但外面的天色已經變成暗灰色了。

不一會兒，列車伴隨著一陣前後搖晃後就開動了，到處都聽得到愉悅的讚歎聲，宛如學生時代的旅行一般，興奮的心情久久難以平復。我們坐在座位上，漫長等待所帶來的疲憊湧上來，看著窗外無聊的風景，我們不知不覺地沉沉睡去。

不知睡了多久，突然察覺到一股奇怪的感覺，醒來一看，列車是靜止的，而且很安靜，隱約只聽到滴落在窗戶上的雨聲，又下雨了。不過這裡是哪裡呢？已經快八點了，車票上標示車程需要兩小時又三十分鐘，現在應該已經走超過一

半以上的路程才對。我將臉緊貼在窗戶上，雙手圈住眼睛周圍，仔細察看窗外的動靜，這裡到底是什麼站呢？究竟是停在何處？原來這是個小站，連個像樣的候車室也沒有的簡易車站，映入眼簾的只有列車光線照射在長凳上所形成的陰影。車站附近似乎全是田地，沒有一點光，全都黑漆漆一片。為了多瞭解情況，我往車長所在的車廂走去。我們所搭乘的列車是日本很普遍的由單人駕駛的兩節車廂列車，也就是駕駛員兼任車長的列車。

走過去的途中，在門邊遇到站著邊看報紙邊抽菸的老爺爺。這裡不是禁菸嗎？也許是在乎我的表情，老爺爺先說了：

「離列車要出發的時間還有十分鐘，所以想要抽根菸，但外面正在下雨，只好在這裡抽菸。」

他又將一口煙吐到窗外去，白色的煙氣飄散在雨中，馬上消失不見。列車因為信號出問題而暫時在這裡等待，列車會誤點也是因為信號，看來今天這整條路線的信號系統都發生誤差。雨一直下不停已經夠煩了，竟然還遇到列車誤點！但現在再抱怨也沒有用，我回到座位，決定好好睡一覺。幸虧這段時間太累

行駛在鄉下村落間的普通列車，衝過大雨不斷地往前邁進。

26 誤點的普通列車

了，我很快又進入了夢鄉，沒錯，這種時候拿來補眠最好。

睡了一陣子，又沉思一陣子，睜開眼睛一看，還沒經過三十分鐘。戴耳機聽輕音樂，漸漸開始覺得無趣，卻又無法再度入睡。行駛在鄉下村落間的普通列車，衝過大雨不斷地往前邁進，我悄悄地打量車廂內的乘客。在一人座的位置上，坐著一個女高中生，剛才還很認真地讀著講義，也許讀累了，也正茫然地凝視窗外；在另一個角落，一個年輕男子持續不停地用手機小聲聊天，絲毫沒有掛掉的意思；值得感謝的是，剛才在列車中忙著跑來跑去、吵吵鬧鬧的小兄弟倆，已經不知在何時睡著了；只有身穿登山服的歐巴桑們輕聲細語的聊天聲打破車廂內的寂靜。這趟列車旅程雖然漫長又無聊，但又蘊藏著一股莫名的安詳，我隱約感覺到這種時光應該不會再有了。

「本列車的終點站小海站已經到了。」

終於抵達了轉車的小海站，換車後只要大約再一小時的車程，就可以到達我們的目的地——輕井澤。即使感到辛苦，但只要一想到現在更接近我們的目的地了，就稍微放寬心了。只是因為那該死的信號問題，又必須再等二十分鐘，讓我的心情非常不悅。我已經無法再忍受坐下來等待，於是決定逛一下這個車站。

大致說來，小海站只是個氣氛稍微不同，卻隨處可見的典型鄉村車站。有兩條路線的月臺，以及狹小的剪票口。剪票口旁是簡陋的小候車室，裡面設置了連接煙囪筒的暖爐，後面的出口則連接著兩層樓高的超級市場。

我穿過豁然敞開的出口，站外風光盡收眼底，別說是經過的路人，連一輛車也看不到。站在孤單的鄉下車站前，四周一片黑暗，令人感到淒涼蕭瑟，再加上霪雨霏霏，那股淒涼感越發沉重，我想我再也不可能因為列車誤點而停留在這裡。當這種念頭掠過腦海時，不知為何突然感到一股感傷，難道我已經開始懷念這裡了嗎？我看手錶確認一下時間，離列車出發還有一點時間，我想要把此地此時的風貌記錄下來，於是帶著相機和雨傘衝出車站外。

沿著車站前的下坡路有許多商店，只是這時全都關門了。連發出微弱燈光照亮黑暗的路燈也不敵那強而有力的雨勢，無法發揮該有的作用。雨水沿著下水道湍急地流下去，我開始隨意地按下快門。所剩時間不多，手又一直抖，無法好好對焦，但我的興致卻很高昂。偶爾我會有想賦予平凡無奇的時刻一些特殊意義的衝動，也許現在就是這種時候。

我太過投入了，讓我差一點就要錯過列車，直到最後才氣喘吁吁地勉強登上即將離站的列車。上氣不接下氣的我吸引了全車乘客的視線，只好趕快找到自己的座位坐下，佯裝睡覺。滴答滴答，聽到打落在窗戶上的雨聲真好，列車裡溫暖又潮濕的空氣依然讓我很滿意。列車漸漸接近終點站，越是這種時刻，我們越想要在這個空間多停留一下。有時候，綿雨不斷，列車誤點，在簡易車站暫停一段時間，我們仍然擁有美好的時光，其中包含了懷念、憂鬱、慵懶和自由自在。

平常無法感受到的感覺、短暫的奢侈感以及所遇到的事物，這些說不定就是旅行所帶來的最大禮物。

フランスパン
¥305

かえで
手作り仲間
ダッタンそば茶

SALE
SALE
SALE

和約翰・藍儂度過一天

尋訪約翰・藍儂的足跡

只要一談到約翰・藍儂，就一定會提及小野洋子這個名字。她是個嬌小的東方女子，留著一頭蓬鬆長髮，表情淡漠，身材纖瘦，是約翰・藍儂的第二任妻子。雖然披頭四樂團（The Beatles）的錄音室嚴禁外人進出，她卻是曾經出入過的唯一女性，也曾對披頭四的音樂高談闊論，是個思考前衛的女子。然而，她被披頭四的歌迷取了一個外號，叫做「害披頭四樂團解散、搶走約翰・藍儂的魔女洋子」。她確實在披頭四樂團的解散上扮演著決定性的重要角色，因為相對於保羅・麥卡尼對披頭四的熱愛，約翰・藍儂很明顯的一直在尋找逃離披頭四的出口，後來約翰・藍儂在小野洋子身上找到靈感，便解散了披頭四樂團。

約翰・藍儂的*Imagine*或者*Love*這些名曲，光是前奏就一次呈現了地球村所有人種的面貌，若不是他和小野洋子的交流，很難有這些名曲問世，這是任何人也不能否認的事實。在這種情況下，去追究小野洋子對約翰・藍儂是得還是失，是沒有無意義的。姑且不論音樂與藝術方面的成就得失，男女之間的愛情本來就是極私人的事，當事人喜歡就好，身邊的人沒有資格批評。

不管怎麼樣，這對備受爭議但感情極好的夫婦，每年夏天都會造訪的地方就是日本的輕井澤。小野洋子是日本人，她的別墅在輕井澤，所以他們回到日本時，當然常去輕井澤。然而我想，他們夫婦會獨鍾輕井澤，一定有什麼特別的原因吧。

27 和約翰·藍儂度過一天

輕井澤是個什麼樣的地方呢？我身為披頭四與約翰·藍儂的熱情歌迷，又是來到日本的旅行者，當然不能錯過這個地方。能夠一窺約翰·藍儂日常生活的機會也不常有。基於這些理由，我早在計畫這次日本旅行時，就將輕井澤排入遊程中，引頸期盼著。

到達輕井澤後，我們先在遊客中心拿了地圖與觀光資訊手冊，隨即到車站旁的租車店，各租了一輛前方有籃子、看起來很雅致的自行車。接著我按下口袋裡MP3 Player的播放鍵，從耳機裡流洩出 I saw her standing there 的輕快旋律。跟著音樂的節拍，我興高采烈地踩著自行車踏板。終於要出發了，尋訪約翰·藍儂足跡的輕井澤之旅開始！

依照地圖來看，可以找尋到約翰·藍儂足跡的地方有三處：萬平飯店（万平ホテル）、French Bakery（フランスベーカリー）、離山房咖啡館（りざんぼう）。其實就算不知道它們的正確名字也沒關係，只要說出「約翰·藍儂」的名字就OK了。把自行車停在路邊，隨便問個路人：「請問約翰·藍儂的麵包店在哪裡？要怎麼走呢？」也能找到答案。可見得這個藝術家在遙遠他國土地的小城

市裡，有著多麼大的影響力！

我們沿著自行車道騎了一段時間。夏日炎炎，迎面吹來的風有一股烘熱的香味。沿途稀稀落落地出現幾家漂亮的商店，我們停下來休息一會兒，雖然還要再往前騎很久，但一想到身在輕井澤，便感到悸動不已。年少時第一次約會的心情有這麼興奮嗎？我已經開心到想要對所有路過的人打招呼呢。

右邊出現一條羊腸小徑，一騎進小徑，兩旁盡是綠意盎然的樹林。由於路很狹窄，無論是汽車或自行車都必須小心才行。這裡和外面的大馬路不一樣，空氣很涼爽，而且不斷有樹葉的香氣撲鼻而來，讓頭腦感到一陣清新。騎出綠色樹林，隨即就看到了約翰·藍儂一家人經常投宿的萬平飯店。外觀雖然老舊，但整棟建築是歐洲大別墅的古典風格，相當溫馨典雅。內部鋪設了厚厚的紅地毯，因為人多而顯得十分熱鬧，不像一般旅館那樣冷情，感覺平易近人且有人情味。我隱約知道為何約翰·藍儂會這麼喜歡來這裡了。

這間旅館裡的資料室擺放了一臺老舊的YAMAHA鋼琴，據說當時他很想要擁有這臺鋼琴，而今它彷彿在此訴說著歲月的痕

跡。據說他住過的Alps館一二八號房被他的歌迷們當成聖地，個個都想住進那個房間，每年都有許多人在預約時指定要住。

離開飯店後，我們前往可以吃到「約翰・藍儂麵包」的法國麵包店。這家French Bakery位於輕井澤的觀光街上。街道兩側盡是咖啡館、餐廳和紀念品商店，因規定汽車不能開進來，只見整條街上到處都是觀光客。不久前，我們看到輕井澤的其他地方既安靜又悠閒，難道是因為所有人都跑到這裡來了嗎？

招牌寫著「French Bakery」的這棟建築，二樓有一間叫做「達文西」的茶屋。若不知道這裡是約翰・藍儂麵包店的人，大概會以為這只是一家平淡無奇的小麵包店。一走進店裡，鳳梨、可頌以及各種麵包的香味撲鼻而來，幾個中年婦女們表情悠然地拿著夾子與托盤，專心地挑選麵包。牆上掛著一張約翰・藍儂站在麵包店門前的照片，他在輕井澤的時候，每天都會到這裡買麵包。店中央最高的平臺上，籃子裡擺了幾根酥脆的法國長棍麵包，還寫著「連約翰・藍儂也愛的法國麵包」的黃色字句，特別顯目。

原來這就是約翰・藍儂麵包！我買了一根嚐嚐味道。對於不

是很喜歡麵包的我而言，只是普通的法國麵包。但因為是約翰．藍儂喜歡吃的麵包，十分受到人們的鍾愛，人氣很旺。既然都來了，我想再多買幾根回去，但此時，原本籃子裡剩下的法國麵包居然都不見蹤影了。

最後要前往的是約翰．藍儂常去的咖啡館。又經過一大片樹林，我們沿著林蔭小徑興高采烈地騎著自行車。一想到約翰．藍儂也曾沿著這條路騎自行車，心情更加愉快。整條下坡路幾乎沒有車子和行人，我們加速前進，情不自禁地喊出了一聲讚歎。啊！長久以來留在心中的思緒雜念，在此時此刻都被洗淨，心境頓時清新自在。

大約騎了三十分鐘左右，一出樹林，在汽車往來的大馬路旁出現了鐵道。這時候剛好有列車從我們面前駛過。列車一開走，眼前又再度是寬廣的道路。我們繼續騎，經過了幾棟小木屋之後，終於看見離山房咖啡館的招牌。

位於馬路旁的離山房咖啡館是棟小木屋。屋外散著落葉的空地上，除了我們的車之外，已停了幾輛自行車。被綠意包圍的咖啡館露臺上，坐滿了前來享受樹林午後時光的人們。我們開門走進咖啡館，內部比從外面看還要狹窄。以柱子為中心擺放了一張十人木桌，另外還有兩張桌子，就是全部了。在昏濛的黃色燈光照耀下，屋內顯得很溫馨。有一位年邁的老奶奶看到我們在打量咖啡館的空間，可能是好奇我們的來意，所以走了過來。

一想到約翰·藍儂也曾沿著這條林蔭小徑騎自行車，心情更加愉快。整條下坡路幾乎沒有車子和行人，我們加速前進，內心深處情不自禁地喊出了一聲讚歎。

「有什麼事嗎？」

「我們是從韓國來的，現在正在日本旅行，因為是約翰・藍儂的歌迷，所以特地來尋訪這個地方。」

我一說完，老奶奶立刻露出笑容。這位名叫槙野朝子的老奶奶，在幾年前丈夫去世後，就開始代替他掌管離山房咖啡館。她很高興我們來這裡，跟我們說了很多關於約翰・藍儂的事。

「約翰先生從來不會開車來這裡，總是騎自行車過來，而且只點我們店裡的招牌熱咖啡。不管再怎麼炎熱的夏天，都只喝熱咖啡。除非是非常口渴，才特別點一杯藍莓汁來喝。」

在炎熱的夏天裡喝熱咖啡……我想這就是約翰・藍儂的作風。然後我點了和他一樣的招牌熱咖啡與藍莓汁。咖啡香氣濃郁且味道柔和，不過我還是比較喜歡又甜又冰涼的藍莓汁。要在這麼熱的天氣裡喝熱咖啡，可不是件容易的事。咖啡館的牆上掛著約翰・藍儂親手畫的圖畫以及小野洋子的明信片，還有全家福照片。黑白照片裡，約翰・藍儂望著倚樹幹量身高的兒子西恩的模樣，看起來十分幸福。那副模樣不是天才音樂家，而是靜享天倫之樂的平凡父親的樣子。

「約翰先生去世之前，最後一次來到我們店裡的那天，

把一個皮製的打火機遺留在這裡。我想下次見面再還他，但他卻因為新專輯突然返回美國，那就是最後了。失去主人的打火機在離山房被保管了好幾年後，還給了夫人洋子小姐。」

最後聽到的這段悲傷故事，讓我們突然一陣心酸。這麼愛家人的一個人卻必須先離開世上，會是何種心情呢？

Love is real.

Real is love.

Love is feeling, feeling love.

Love is wanting to be loved.

從咖啡館的喇叭傳來熟悉的歌聲，這首是約翰・藍儂為自己寫的歌曲 *Love*。如果他仍然活在世上，約翰・藍儂與小野洋子說不定還是會在夏天來到輕井澤，然後坐在離山房咖啡館的露臺喝著招牌熱咖啡。這短暫的愉悅想像掃去了我憂鬱的心情。看到咖啡杯見底了，像在催促我們該啟程回去。今天與約翰・藍儂一起度過的快樂時光也在此告一個段落。

旅行者的某個午後

坐在離山房咖啡館度過午後時光，今天是來到日本的第二十二天。

昨天還想趕快回家的，現在卻……。

咖啡越來越涼，我的心越來越熱烈。

Cafe Terrace 離山房

離山房咖啡館位在輕井澤市郊。沒有大眾交通工具可以抵達，所以建議騎自行車過來。先到輕井澤車站的遊客中心索取地圖之後，到附近的租車店租一輛自行車即可。

長野縣北佐久郡輕井澤町大字長倉塩澤820-96

9:00~21:00

Route /共285mins,814.1km

輕井澤Karuizawa ▶ JR長野新幹線（淺間號）▶ **大宮Omiya** ▶ JR東北新幹線（八神號）▶ **八戶Hachinohe** ▶ JR東北新幹線、津輕線（特急超級白鳥號）▶ **青森Aomori**

Lasela Lasela LaseLase Lasela!青森

舞動的睡魔祭

炎熱的夏日裡，太陽已漸漸西沉的傍晚，在青森縣觀光物產館「ASPAM」三角形建築的前面，慶典的氣氛正沸騰。在慶典中挑大樑的大阪燒和章魚燒攤位都已經上場了，人潮不斷被吸引進來。小吃攤上，鋪在炙熱炭火上逐漸烤熟的金黃色鮑魚和干貝，以及身穿浴衣的少年、認真兜售睡魔紀念品的少年們、穿著慶典服裝的人們，全都在預告睡魔祭即將開始。

在這座城市裡，似乎沒有不快樂的人。人人的臉上像芍藥花般開出朵朵燦爛的笑容。在青森縣觀光物產館正後方的睡魔祭遊行等待區，有無數的人們和睡魔花燈車隊的演出者，為了創造即將來臨的慶典高潮，正安靜地調勻呼吸。

青森睡魔祭是日本代表性的三大火節慶之一，每年八月二日至六日之間，二十多座巨大的睡魔花燈遊行在青森市內，燈火照亮整個被黑幕籠罩的市中心。大花燈是以樹木和鐵絲為骨架，傳統日本紙為外皮所糊出的大型燈籠，是由祈求消除災厄的七夕放水燈演變而來。

下午五點，睡魔祭遊行等待區，準備要出發的睡魔大花燈已躺在寬敞的倉庫中待命。做工精良的店家所製作的睡魔大花燈，其龐大的體型令人望之生畏，栩栩如生地像是會從倉庫衝出去似的，展現著活靈活現的動感和細膩的動作，使用的色彩華麗炫目又耀眼！直接對看，覺得睡魔花燈好似注入了靈魂般，散發著強而有力的壓迫氣勢，讓人目瞪口呆，忍不住頻頻讚歎。

二十多座龐大的睡魔花燈緊緊相連排成一長串的隊伍，民眾見狀不禁高聲歡呼，紛紛以睡魔花燈為背景拍照。

「Wonderful!」

「すごい（好驚人）！」

英語和日語以及各國語言所發出的讚美詞和照相機喀擦喀擦的聲音，此起彼落。持扇站在各個睡魔花燈前面導行的指揮者，以及拖曳大花燈推車的拖曳手，先集合進行最後的檢查。戴著美麗花朵斗笠

有無數的人們和睡魔花燈車隊的演出者，
為了創造即將來臨的慶典高潮，正安靜地調勻呼吸。

的遊行舞者，彼此整理對方的衣服，英姿煥發，看起來像是要迎接一場激戰。遊行舞者緊跟著睡魔花燈車隊跳舞，也是慶典中的要角，即使有再巨大的花燈，缺少他們的舞蹈和高聲吶喊，慶典的氣氛就像少了什麼似的不夠完整。提到睡魔祭時少不了的獨特吶喊聲——Lasela（ラッセラ），全都是舞者們大聲吶喊製造出來的音效。

然而，最奇特之處在於無論是誰都可以成為遊行舞者，只要穿著遊行舞者應有的服裝，不管是本地人、觀光客或外國人都可以成為舞者參加慶典。舞者的基本配備就是：頭戴花朵斗笠，身穿和式浴衣，兩肩上斜綁著色彩鮮明的彩帶，在腰間繫著叫「ガガシコ」[1]的杯鈴，上衣的下襬到及膝的長度即向上翻，再以輕薄的腰帶綁住，衣服上還縫著許多顆鈴鐺，走起路來會發出輕快的叮噹聲。如此盛裝打扮妥當，最後再穿上白襪配草履，就算大功告成。

在睡魔祭中，遊行舞者的服裝彷如擁有魔法翅膀的外衣，如花般五色燦爛的炫麗衣裳帶給人們無限的能量，讓大家使出渾身解數地熱情跳舞，魔法時刻即將展開。

「各位！現在就讓我們為即將出征的睡魔走上街頭吧。」

下午六點，睡魔花燈遊行準備啟程。在司儀鏗鏘有力的介紹中，從倉庫推出來的各式各樣的睡魔花燈，一座座往街道前進，一一向人群打招呼。很快地，街道上擠滿了睡魔花燈緩緩移動的厚重身軀，以及緊緊尾隨在後面的廣大群眾。睡魔花燈與四周的建築幾乎一樣高，走起路來雄糾糾、氣昂昂，原本天際還殘留著夏日黃昏的淺藍色微光，如今已完全被染成一片殷紅，開始聽到街道上人山人海的群眾們的吶喊聲。

晚間七點，睡魔花燈遊行正式開始。從現在開始會發生什麼事呢？投資龐大資金所製造出的睡魔花燈有著驚人的身長，宛如在電影超級巨片中才看得到的場面。即使親眼所見仍難以置信，讓人懷疑是否置身夢境中。慶典的熱度隨著時間逐漸升溫，四面八方傳來的群眾吶喊聲及拍手聲響徹雲霄。

數十位笛子吹奏者動作整齊一致，吹奏出輕快的旋律，就像在演奏著軍樂隊進行曲，緊接在後的是手振鉦（てふりがね），鏘恰鏘鏘，鏘恰鏘鏘，利用悅耳的聲調來製造慶典的氣氛，然後就輪到許多鼓緊緊綁在一起的太鼓登場，洪亮的鼓聲充斥四周。

「銅咚咚銅，銅咚咚銅！」

音樂能讓一切隨之起舞，彷彿魔法師的魔棒一般，

熟練的鼓手繼續追逐著前進中的太鼓，一絲不苟地敲擊著鼓，縱使是未曾聽過的陌生曲調，其樂音隱藏著悸動，激發起內心熱情如火的力量。

讓四周人群如癡如醉地感染這種氣氛再擴散出去。在這種震撼力量的刺激之下，群眾開始一一隨著音樂舞動起來。

「那是什麼？哇哈哈！」

當抹著一臉白粉的搞笑藝人出現時，逗得大家哄堂大笑，他們和面具舞的藝人打扮類似，在場子內到處亂跑，跳著怪異的舞蹈和姿勢，時而故意將胳膊彎曲，或是用力將背部鼓起做出佝僂的模樣，讓群眾開懷大笑。腦海裡倏然出現童年時跟著外公去市場所遇到的賣方糖叔叔，真是太像了！韓國和日本真不愧是相鄰的國家，兩國哄人開心的搞笑藝人有太多雷同的動作了。或許是那些奇特模樣本來就會讓任何人為之一笑吧。

忽然間，在黑暗中傳來咚咚咚咚的巨響，人群一陣騷動。

「那是什麼聲音？」

往聲音傳來的地方一看，那是跟睡魔花燈一樣大小的巨鼓正迎面而來，看起來老練的車夫們正拉著推車，上面載了錯落有致的大太鼓和鼓手們，看起來宛如人口稠密的小島般複雜擁擠。大太鼓因為聲音響亮，在睡魔祭中最醒目、最震撼。此外，推車上還有笛子和手振鉦等樂器，儼如可以獨當一面演奏的小樂隊。在鼓的正前方，有三位鼓手正認真地揮舞著鼓槌，那鼓槌的模樣像弓箭一樣彎曲又修長；另外還有一位鼓手單獨跨坐在上面，配合著底下鼓手的節奏擊鼓。在他們的兩側，還有拿著鼓槌上寫著紅色「祭」字的鼓手，正像猴子般懸掛著。

前方拿著麥克風，不斷對著群眾說話的歐吉桑旁，有全神貫注的演奏者圍繞在推車四周。雖然現場非常吵雜，但看著他們齊心凝聚力量發出樂音的情景時，心中湧上一股莫名的感動，彷彿共同生活好幾世代的大家族般散發出溫馨的氛圍。

開懷大笑之際，主角睡魔花燈終於劈開黑夜蒼穹之海登場，在無數燈火的照耀之下，光芒萬丈的睡魔花燈顯得比白天更栩栩如生。在持扇者的指揮下，推車拖曳手的動作整齊畫一，表情也相當真摯，他們不敢稍有懈怠，努力追隨持扇者的指示。

「嗶嗶嗶嗶，嗶嗶嗶嗶。」

隨著持扇者的口哨聲和擺動扇子的指揮之下，巨大的睡魔花燈展現出變化多端的律動，忽而往前傾，忽而向後倒，向右擺動又回正，

然後又改變擺動的方向，就這樣在天空中搖擺地跳著絢爛舞步！睡魔花燈每次一搖動，四周就會傳來「喔喔」的驚歎聲。宛如在向多如繁星的敵人們揮舞著寶劍，帶著威赫感，真是一群美麗又勇猛的仲夏夜戰士們。

就在我們忘我地陶醉在光采奪目的睡魔舞蹈時，聽到了彷彿要將全世界翻轉過來似的亢奮吶喊聲，「Lasela, Lasela, LaseLase, Lasela!」他們是睡魔祭中的另一群主角——遊行舞者。每一座睡魔花燈後面大約跟隨著兩千名的遊行舞者，這麼多人的吶喊聲卻能整齊一致，發出足以覆蓋高音笛子聲、手振鉦和太鼓巨響的宏亮吶喊聲。不僅如此，遊行舞者還如水紋蕩漾般持續翩翩起舞。那股強烈的熱情能量完全貫穿遊行舞者的隊伍，甚至還完整地傳達給圍觀的群眾。

「Lasela, Lasela, LaseLase, Lasela!」聽到如此鏗鏘有力的吶喊聲，人群也不約而同地開始跳躍起舞，不分男女老少，全在慶典的魔法咒語下，乖乖束手就縛。不管是安靜坐著的人、正在聊天的人、正在喝飲料的人，只要一聽到「Lasela」，全都會放下手邊的事情，自動地往上跳躍。這是在馬路上的遊行舞者和馬路旁的群眾一起跳躍的壯觀場面！「Lasela, Lasela, LaseLase, Lasela!」

青森睡魔祭讓群眾興奮瘋狂，情不自禁的律動能量讓整個城市幾度達到高潮再落下，已經歡騰到快要爆炸的程度。在令人瘋狂到無法自己的慶典中，體內正分泌大量的腎上腺素，精神相當亢奮。

但天下沒有不散的宴席，在我們送走睡魔祭最後一批隊伍後，持續兩小時又三十分鐘的瘋狂時光終於結束了。我們將身體倚靠在開往札幌的夜間列車上，車內鴉雀無聲相當安靜，與剛才熱鬧滾滾的城市截然不同，這種氣氛讓我們感到十分陌生。遠方依舊傳來睡魔花燈隊伍回家時的Lasela吶喊聲，然而周圍卻滿是疲憊旅客的倦容。

剛才或許是我們的南柯一夢吧？果真如此，那我真不想醒過來。充滿著熱情的仲夏夜之夢啊！但是現實的時間並不會等待我們，無情的列車已經奮力地駛離車站。總有一天能夠再次見到「今日」吧！放下百般不捨的留戀心情，透過黑暗車窗所看到的我們，已經安靜地沉沉入睡。

再見！青森市的仲夏。

1 ガガシコ：為青森的睡魔祭典中，穿著傳統服飾的舞者們腰間必繫的杯鈴，是可當樂器敲擊，又可當酒杯飲酒的道具。現在有些人只掛鈴鐺，有些兩者都掛，都可發出聲音。

在青森的旅館小酌

在母女共同經營的小巧又多情的旅館裡，大上女士親自烹調的料裡真是讓人畢生難忘。

窗外是淺蟲溫泉的濱海風光，雪白優雅的屋舍旁有小溪流過，在飄盪著柔和爵士音樂的加斯格涅（ガスコン）沙龍裡小酌一番，此情此景又怎能忘懷？

小川（こがわ）旅館

JR淺蟲溫泉站下車步行約五分鐘的距離，特殊之處在於有單人專用的客房。

$ 單人一晚13,300日圓。

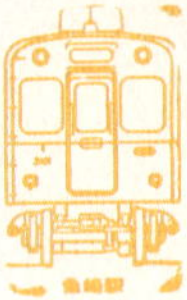

住在白色美術館裡的巨犬

在縣立美術館遇見奈良美智的作品

青森市裡有座白色的美術館。
書本在空中飛揚，牆壁全都是純白色，
在白色化妝室裡，水龍頭出乎意料地接上造型奇特的洗臉臺。
從白色化妝室走出來，有白色的電梯。
白色的電梯裡有張陌生的椅子，
在美術館裡住著一個斜吊雙眼的小女孩和白色的狗。
不管是用功時、吃飯時、旅行時，小女孩總是心事重重，
「不要管我！讓我靜一靜。」
不過白色的狗卻很溫馴，
坐在剛好可以容身的灰色狹窄空間裡，
默默地淋著落下的雨雪，
完全承受炎炎夏天的日曬，
透過窗戶凝視著小女孩的家，

似哭又似笑。

會不會想要走出狹隘的空間呢？

還是想要維持現狀呢？

任憑怎麼詢問，仍是緊閉嘴巴不回答的白狗。

若是拜訪清一色純白的青森美術館，

在灰色的牆內可以遇見一隻有著清澈雙眼的巨犬，

茫然地只望著一個人，也就是小女孩，

是隻像傻瓜般的白狗。

青森県立美術館

MORI MUSEUM OF ART

便當，擋不住的誘惑

在日本吃便當的喜悅

これくらいの　お弁当箱に　おにぎりおにぎりちょいと詰めて
（在小小便當盒裡裝著一個個壽司）
刻みショウガに　ゴマふりかけて
（切得薄薄的生薑片上灑著芝麻）
ニンジンさん　サンショウさん　シイタケさん　ゴボウさん
（還有醃蘿蔔先生、花椒小菜先生、香菇先生、牛蒡先生）
穴の開いたレンコンさん　筋の通ったフ～キ
（穿洞洞裝的蓮藕小姐、直腸子的款冬花小姐）

——お弁当の歌（便當之歌）

對貧窮的旅人來說，吃飯的意義是「必須要吃的一頓」比「享受美食」還要來得重要。最簡單的解決方式，就是選擇價格相對低廉的泡麵或牛丼，卻無可避免地一直存在著「每天都吃一樣的食物」的不滿足感。即使是再喜歡的口味，也無法三餐都吃泡麵或牛丼。當我們吃膩時，最佳的祕密武器就是便當。

我們在日本旅行時，最常吃的就是便當。拋開替代方案的觀點來看，吃

便當除了物美價廉之外，好處也最多，因此我們會選擇便當是有很多原因，而不只是要拿便當來解決一餐。

日本的便當產業十分發達是眾所皆知的事實，幾乎到處都買得到便當，譬如便利超商、超級市場、大型賣場、車站等無所不在。或許有人會懷疑說，在韓國不是也一樣嗎？但是拿這一點跟日本做比較並無意義，因為在韓國商店的食品架上，便當的比重並不大；但在日本卻總是放在最顯眼的地方，而且放滿了琳琅滿目的各種價位和種類的便當。在小型超級市場或車站內，也必定會設置便當專賣店，甚至在婚禮或喪禮等特別的日子裡也會送便當給參加者。若是在韓國，不管便當裝盛的食物狀態或品質如何，只要是送便當就一定會被臭罵一頓，但在日本卻被視為再自然不過的事了。

對日本人來說，便當並非是「解決一頓的簡便替代品」或「比正式餐點的品質還要低落的食物」。他們把便當想成了不起的餐點，對於便當有特殊的偏好，甚至為了表達對便當的親切感，所以特別使用「御（お）」的接頭詞，稱便當為「御便當」不是嗎？

30 便當，擋不住的誘惑

韓國和日本對於便當之所以會有不同的看法，只要深入瞭解兩國的飲食文化就可以知曉。在日本的餐館用餐時，除了吃火鍋等少數料理必須大夥兒一塊吃之外，很少像韓國這樣，除了自己的一碗白飯外，其他料理都是共享的。我們也曾經在電影或連續劇中，看到日本人不想面對面一起坐，而是坐成一排，各自品嚐專屬自己的那一份料理。這種風情又是反映出不想對別人造成麻煩，也不想受他人影響的極端個人主義。這和韓國人喜愛吃火鍋或合菜，享受大家一起用餐的樂趣，並且覺得獨自一人吃飯比挨餓更痛苦的想法，是完全顛倒的。也因為日本人偏好一人獨享的飲食習慣，於是便當就受到喜愛，而且不斷地蓬勃發展。

在日本旅行的這段期間，吃便當是最讓我們愉快的事情之一。如同逛街可以讓人紓解壓力，我們也以逛便當來紓解一天的疲勞。本來在回旅館的路上，已經決定今天要在外面用餐再回去，卻因為受不了便當的誘惑，而將腳步轉往超級市場或大型賣場買便當。此外，如果將在餐廳用餐的金額省下來，不僅可以買便當，還可以順便買爽口的啤酒和豐盛的宵夜，對貧窮的旅行者來說，不失為甜蜜的誘惑。

便當帶給人的快樂從挑選開始：想要多大的便當？灑著黑芝麻的白米飯還是炒飯？想要什麼樣的菜色？含有適當鹽味的燻鮭魚，或者抹上一層厚厚沾醬的鮪魚排，抑或醬料塗得很均勻的排骨呢？配菜中有沒有不合口味的小菜呢？有沒有雞蛋碎末？有沒有蒸紅蘿蔔？

透明的包裝紙散發出美麗的光澤，在五花八門的菜色中，我正在尋找放入口中時，能讓舌頭快樂，讓空蕩蕩的胃變得飽足的主角。吃東西時，再也沒有比這個更讓人興奮的事了！更令人愉悅的是，便當的主食不只有白飯而已，泡麵或烏龍麵便當的滋味，不遜於一定水準以上的餐廳。花費數百日圓就能輕鬆買到豪華的生魚片便當，或者是蓋飯類便當，譬如排骨丼、牛丼、親子丼等，當然還有單點的菜

色，像是大阪燒或日式炒麵也能一起享用。

跟大餐相比毫不遜色的便當，人氣相當旺。一旦哪個便當傳出很美味的口碑，一上架很快就會被搶購一空，因此挑選便當時必須要快狠準。特別是便當在打烊前幾乎是半價，這時的競爭更加激烈。在短暫的挑選時間裡錯失心愛便當的遺憾心情，我至今仍牢記在心。雖然超出晚餐預算的情形也多到不計其數，我還是要說逛便當是旅行中的一大樂事。

這裡看看，那裡瞧瞧，花了太多時間逛便當，導致我們經常只能吃車站內的鐵道便當解決午餐。所謂的鐵道便當（駅弁）是「火車站內所賣的便當」的簡稱，便當菜色通常是當地特產或是反映地方特色所製作出的經典傑作。依種類來看就相當可觀，日本全國可達到三千多種，為此還設立了專門的購物商場，每年舉行鐵道便當大會，鐵道便當在日本有多麼受到歡迎可見一斑。

聽說最近有人無法去某地旅行，卻想要感染一下當地氛圍時，很流行所謂的「用美味來旅行」，也就是人們利用網路訂購各地的便當，銷售量不容小覷。

我們曾經在岡山市品嚐過全國最夯的「桃太郎祭典壽司」，真是名不虛傳。便當的名稱是引用岡山市所流傳的童話故事主角「桃太郎」，在酸甜的醋飯上鋪滿了黃澄澄的碎蛋皮，還鋪上一層各式各樣的美味海鮮，像是鮮蝦、鰻魚、鰆魚、龍蝦以及小沙丁魚等，讓人不禁懷疑「這真的是便當嗎？」的超級豪華組合，嚐起來與師傅手工現做出來的壽司沒有什麼差別。

在日本吃便當這件事，對我們來說已

經超越了節省餐費的想法，還帶給我們樂趣與滿足。只要準備幾百日圓，就能享受一頓專屬自己的完美正餐！不管是在便利商店、車站或是超級市場都可以獲得滿足。

便當的名稱取自岡山市流傳的童話故事主角「桃太郎」。便當盒是粉紅色桃子造型，幾乎超越了一般便當的等級，可說是美味又豪華的大餐。

Point

拼布之路、景觀之路

Route /共630mins,639.7km

青森Aomori ▶ JR津輕線、津輕海峽線、函館本線（Hamanasu號）▶ 札幌Sapporo ▶ JR函館本線（Super Kamui號）▶ 旭川Asahikawa ▶ JR富良野線 ▶ 美瑛Biei

成為大自然風景畫的一部分

夢幻般的自行車之旅

呼呼，呼呼！喘息聲越來越急促。這陡坡我們已經不知道騎了第幾個十分鐘，卻還是上坡路。不管怎麼使力也踩不動了，只好放棄踩踏板，下來牽自行車走。誰叫我平時和運動隔了一道高牆，唉，若想走完預定行程，恐怕得花八小時以上，看來美瑛的自行車路線絕對不容小覷。而且來美瑛的途中，在青森睡魔祭花了太多時間，造成預約不到簡易臥鋪席座位的窘況，結果前往札幌長達八小時的車程都必須坐在狹窄的座位上，現在的身體狀態才會這麼糟糕。

在這種狀態下要騎自行車上坡，確實有些為難。唉，迎著風奔馳下坡的甜蜜想像，在開始上坡時就被我遺忘了。此時此刻，我只求趕快結束上坡路段，其他都不奢望了。

美瑛的自行車路線是以JR美瑛站為中心，分成兩條觀光路線，一條是拼布之路（Patchwork Road），另一條則是景觀之路（Panorama Road）。從天空往下俯瞰宛如數塊小布拼成一塊大布般的田野，這一區的路線稱為拼布之路。另一區則是一望無際的寬廣麥田及花田的美

麗田野，稱為景觀之路。每條路線大概都需花費四小時，而且都是比較難騎的上坡路，所以大部分的人只會選擇其中一條路線來騎，偏偏我們認為既然已經花時間和金錢來到此地，又租了自行車，不管自行車店老闆怎麼勸告，還是決定兩條路線都要騎完全程。

「既然來了，當然要全部都去囉。即使上坡路也要全部走一遍！」

現在回想起來，我們這番雄心壯志，真是魯莽的挑戰野心啊。我一邊騎拼布之路的上坡路，一邊在心中湧起後悔的波濤。剛騎出車站附近時還興高采烈，但離開車站還不到十分鐘，就已經遭遇難關了。怎麼這條上坡路如此長啊？一開始就是這種路，往後的八小時該如何撐過呢？在喘氣的同時，大量的汗水隨之滴個不停，我不斷埋怨自己差勁的體力。騎了很久很久的上坡路後，再往上恐怕就只有藍天了。在上坡路的盡頭，一片開闊平地終於出現在我們的眼前。

「啊，終於騎完上坡路了。」

前方出現筆直的平坦道路，周圍景致如詩似畫。遠遠地，可以看到幾個人騎著自行車或摩托車穿梭其間。原來為了看到這般美景，就必須騎上這麼高的山啊。不久前的辛苦，在瞬間化為甜蜜的回報。

「呀喝！這就是大自然的偉大奧妙啊！」

再騎了一段路，我們到達Ken and Mary之木，看起來高聳翠綠，顯得威風凜凜。片刻不曾分離的這兩棵白楊樹，彷彿訴說著Ken和Mary是這世上最幸福的情侶之一。

然後再越過遠處的一座山頭，眼前出現了黃色與綠色交錯的田野，這景象宛如不可能存在於現實世界的一幅風景畫，像是毫不吝嗇地大膽揮灑深濃色顏料所彩繪而出的，美麗得有如夢境一般。在此輕快騎著自行車，讓人感覺心曠神怡。

接著，我們經過因曾出現在Seven Star（七星）香菸廣告中而出名的Seven Star之木，然後不久便看到親子之木。三棵槲樹並肩立於草綠山丘與藍天的

31 成為大自然風景畫的一部分

分界線上。剛好看到有一家人正在樹下照相，讓我覺得倍感溫馨。不論是大自然或人類，在一起的時候就是最美好的時光。

離開親子之木，我們騎了一段很長的陡急下坡路。經過了一處堆肥味很重的牧場，再越過金黃色的麥田，然後騎過油菜花香撲鼻的山路。遠遠地，我們看到了一整排的落葉松防風林，這是MILD SEVEN之丘。因為被印在MILD SEVEN的菸盒上而出名，所以被取了這個名字。不過，我在附近並沒有看到有人在抽菸，反而看到不少人因為炎熱口渴而在喝水。想想也對，要走過這片毫無樹蔭的田野，是多麼辛苦的一件事啊！連我們也一直在消耗體力，喉嚨十分乾渴。但幸運的是，我們已經逛完第一條路線了。過了一會兒，我們順著視野極佳的北西之丘，往村莊方向騎下去。正確地精算，我們花了四小時走完拼布之路。

景觀之路與拼布之路的不同處，是一開始先穿過村莊。到了村莊盡頭，有一座綠橋連結著一條行道樹夾道的山路，另一邊則有一座紅橋，看起來簡直像雙胞胎一樣，風景宛若童話般美麗。我相信這山丘的盡頭一定也有令人悸動的景致在等著我們！我們開始使勁踩踏板，加快速度騎上去。果然不出我所期待，山丘另一邊出現了大自然所編織出的黃色向日葵花田。另一邊一眼望去則是綿延不絕的草綠色玉米田與金黃色麥田。藍天懷抱著這些田野所形成的美麗風景，加上輕拂臉頰的涼風，便是能治癒任何心靈病痛的萬靈丹。

愉快地再騎一小段路之後，出現了一眼就能夠實際感受山丘高度的三愛之丘。一望無際的草綠原野往右方無限綿延，令人敞開心懷。乘風閃爍的光之波，像在綠海上方輕輕推浪。這些景致是大自然送給我們的最佳禮物，讓一向奔走於都市的疲憊心靈在無形中被滋潤。遠遠地，我看到金黃色麥田上有玩具般的卡車在忙碌移動著。所有一切平和得令人難以置信，無法言喻的感動通透全身。

不知不覺間，太陽快要下山了。為了趕上歸還自行車的時間，我們得加快速度才行。隨著陽光慢慢西斜，周圍的景致也時時刻刻在變換。大自然默許我進到祂所彩繪出的風景畫中，成為其中一部分，同時讓我見識了無窮無盡的大自然之美。

能活著真是件幸福的事。美瑛帶給我的感動，讓我決定要在尚未遺忘之前，與心愛的人一起重遊此地。

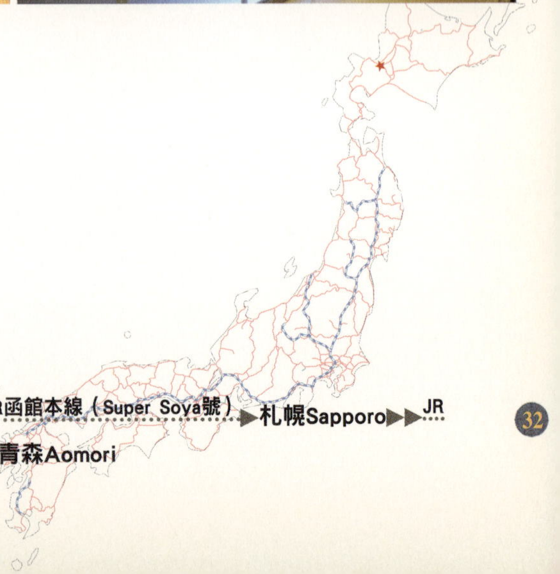

Route /共590mins,639.7km

美瑛Biei ▶ JR富良野線 ▶ 旭川Asahikawa ▶ JR函館本線（Super Soya號）▶ 札幌Sapporo ▶ JR函館本線、津輕海峽線、津輕線（Hamanasu）▶ 青森Aomori

對人該有的友善與禮貌

請別破壞他人的人生電影

真正的「獨自旅行」，在現實生活中是不存在的。獨自旅行，就是指主角「我」一個人展開類似公路電影般的旅程，但其實周圍免不了會出現許多配角，所以才說獨自旅行是不可能的事。

每個人都是在不同情境中拍攝各自不同主題的電影，而電影中的主角當然就是自己了。這意味著，全世界除了「我的人生電影」以外，還有許多「他人的人生電影」正在製作著。我們會在不和不覺間出現於其他人的人生電影中，或許和某個人擦身而過，也或許經過她的家門前，或在公車上相鄰而坐，或者問路。但任何人都沒有資格妨礙他人的人生電影。人與人之間會見面交流並且影響對方，所以一不小心就可能因個人的小疏失，而破壞了對方的人生電影。為了避免這種情況發生，即使是無惡意的過錯也要小心防範，這才是對待他人的基本態度。但世事難料，我們不知道在何時何處會遇到什麼樣的人。

若在旅行途中遇到與自己來自同一個國家的人，一定會很開心，有時甚至會成為一股很大的扶持力量。在異國聽到自己國家的語言，倍覺親切、高興。基於這種理由，只要遇到韓國人，即使是未曾謀面的陌生人，我都會和他打招呼，甚至會一起喝飲料或吃飯。小小的一份關心與親切，也能讓對方感受到很大的力量，或許是因為這樣吧，我總是喜歡遇到韓國人。然而，當我展現韓國人的友善時，卻曾經驗到不愉快的事。有一次就是這樣，雖然不是什麼嚴重的事，卻造成心情不愉快。事情是發生在札幌啤酒園。

整個事件的舞臺是在札幌啤酒園人潮最多的試喝區。在這一區，可以用便宜的價格喝到機器現做出來的「今日推薦啤酒」，以四百日圓即可買到三杯啤酒和一包小餅乾，總是人山人海。對於愛酒人士來說，簡直就像麻雀飛到穀倉，豈能空手而回？所以我們當然不會錯過這個能夠喝到美味便宜啤酒的大好機會。我們趕緊占好位置，然後由我去排隊點啤酒。

看起來坐在我們對面那一桌的韓國情侶也是一樣，不過，這對年輕情侶像在決定菜單似的，一直認真地討論個不停。不久後，事件就發生了。在我排隊等候點餐時，前方傳來了爭論的聲音。究竟是什麼事呢？我一看，是剛才看到的那對情侶的女生站在結賬櫃檯，而櫃檯服務人員用很為難的表情一直在認真解釋著。我仔細聽了一下，是那名女子在吵著要求一份套餐送兩包餅乾。服務人員則說：「客人，一份套餐只能送一包餅乾。」雙方反覆說著同樣的話，但問題是他們不是在對話，而是單方面的各說各話。那名女子完全不會說日語。

服務人員的意思無法傳達給那名女子，而她一心想要兩包餅乾。後面還有很多人在排隊，我想我不能裝作不知道他們的情況，所以走到前面幫他們翻譯，很親切地向那名女子解釋：「店員說，一份套餐只能送一包餅乾。原本就是這樣規定的。」但怎麼一回事？她一副沒聽到我說話的樣子。為什麼會這樣？難道她無法聽到我說話嗎？我又再對她解釋了一次。但是這一次她也是默默不答，甚至也不看我一眼。這太誇張了吧！服務人

旅行是人與人之間的相會。與人一見面，就會開始產生意義；與人一見面，就會感到快樂。人類絕對不能獨自生活，而旅行也是一樣的道理。

員站在一旁看到我的情況，也是一樣驚訝。服務人員原本以為我的出現會讓僵持的情況被解決，沒想到還是沒有幫助，才會這麼驚訝吧。然而，此刻卻發生了意外的逆轉。

「算了！我只拿一個就好！」

剛才一副完全不會日語的這個女生，現在竟然說起流利的日語，我的天啊！真是令人生氣的行為！那她一開始就用日語說，不就好了嗎？硬是想要多拿一份餅乾，所以假裝語言不通！只為了區區一包餅乾？那她為何不乾脆繼續假裝不會日語呢？怎麼突然改變態度？是因為我的突然出現嗎？現在她是在對我說：「哼，我的日語也說得很好，請別管閒事！」是這個意思嗎？我再怎麼往好的方面想，也得不到好的結論。假使她是要讓我知道她的日語能力，那麼用韓語跟我說也行啊。

我再怎麼幫倒忙，也不該用這種方式回報一個人的友善啊！而且站在服務人員的立場，一定也覺得她這樣子很莫名其妙。或許是怕破壞客人的心情吧，服務人員還是拿了兩包餅乾給她，而她一副像在說「早給不就得了」的表情，拿著餅乾從容自得地回到座位，一副什麼事也沒發生似的和男友開心聊天。和我使用同一種語言的人，竟然在異國他鄉做出這種行為，我當下的心情已經不是生氣，而是感到悲哀。唉，竟然只為了區區一包餅乾。

32 對人該有的友善與禮貌

旅行是人與人之間的相會。

今天這個小姐在人生的旅行中，見到了札幌啤酒園的年輕服務人員，也見到了我這個人。同時，她讓札幌啤酒園的兩個年輕服務人員感到為難，也讓我這個人很不高興。雖然時間短暫，卻是曾經彼此面對面相處過的人。俗話說：「即使衣袖拂過之緣也是緣分。」而我和她在某個時間裡共用了同一空間。對這個小姐而言，我和札幌啤酒園的年輕服務人員可能對她毫無意義，充其量只是多餘的人，所以她才會有那種沒羞恥心的行為吧。然而，至少對我而言，她不是個多餘的人，而是在我不願意見到的情況下出現的反派角色。原本預料在我寶貴的札幌啤酒園這個演出場地裡，頂多只會有個不妨礙心情的小插曲出現，卻突然出現這個反派角色做出莫名其妙的行為，讓我的心情很不愉快。

雖然說不需要對每個人都很親切，但也不能做出破壞他人心情的行為啊。如果認為自己的人生電影是很寶貴的，就該避免破壞他人的人生電影才對。

品嚐札幌的拉麵

或許因為在札幌啤酒園喝了啤酒的緣故吧，身體熱起來了，便感覺夜晚空氣有些涼意。

晚餐吃什麼好呢？苦惱了一下，決定去拉麵共和國。

這個商圈確實堪稱拉麵共和國。我又再苦惱了一下，最後決定點札幌微笑拉麵。

拉麵一上桌，我先嚐了一口湯。

「實在太讚了。要是能再喝杯啤酒，會更完美呢。」

札幌拉麵共和國

位在JR札幌站旁邊的ESTA百貨公司十樓。以主題餐廳的方式聚集了各式拉麵店。在這裡，會令人幸福地苦惱到底該吃什麼拉麵才好。如果是初次來這裡，感到難以抉擇的話，我推薦札幌微笑拉麵。

札幌市中央區北5條西2丁目
札幌拉麵共和國11:00~22:00
www.sapporo-esta.jp/hantai/index.html

Point
動畫《河童之夏》
曾造訪的河童故鄉

Route /共230mins,273.9km

青森Aomori ▶ JR東北新幹線（Super白鳥號）▶ 八戶Hachinohe ▶ JR東北新幹線（疾風號）▶ 盛岡Morioka ▶ JR山田線、釜石線（快速Hamayuri[はまゆり]號）▶ 遠野Tono

Stop 33
岩手縣・遠野（JR｜釜石線・遠野站周邊｜本州之東北地方）

想要捕捉河童就到遠野

河童捕捉者的忠告

「所以，你們真的要去捕捉河童嗎？」

一名自稱是專門在捕捉河童的A先生像是感到意外似的問我們，然後就跟我們聊了起來。

「但是，河童是很聰明伶俐的，不如想像中那樣容易捕捉哦。而且幾乎沒有人真的看過河童。人們都說不可能會捉到河童的，但如果你們不介意人們的異樣眼光的話，我倒是可以把知道的事統統告訴你們。」

先說明一下，這位A先生是遠野地區廣為人知的名人，曾經著迷於捕捉河童到每天都守在河童淵的程度。當然，沒有人知道他最終是否成功捕捉過河童。我們不方便直接問他這個問題，而且心裡認為不要對此太過於期待會比較好。

「首先，必須要瞭解河童的長相。」

他用正經的表情繼續說道。

「人們都以為河童長得很可愛，但其實他們長得很醜陋。不過，他們不會做出害人或傷人的事，只是長得嚇人，心性並不那麼可怕。河童總是像被驚嚇到那樣睜著又圓又大的眼睛。嘴巴往前突，沒有耳朵，全身膚色通常是綠色的。但也有人說是全身紅色的，所以這一點你們也要知道才行。身高大約一公尺，體型瘦瘦的。有趣的是，他沒有肚臍，背上卻有個像烏龜殼的東西。說起來，河童的長相真特別，你們說是不

是啊？哈哈哈！」

他大笑了好一陣子後，又說：

「特別是他的頭部，頭頂凹陷的地方是河童法力的來源，這個部位長得像盤子，必須保持有水的狀態才可以。要是水變少了，表示即將有大災難降臨在這個河童身上，他所擁有的法力將會消失。也聽說有不少河童是被人類欺騙而喪失了法力。」

他說到這裡，稍微停頓了一下，從他的藍色背包裡拿出某樣東西給我們看。那是一張卡，上面寫著「河童捕捉許可證」這幾個字。

「如果要捕捉河童，一定要有這張許可證才行。你可以在遠野市觀光協會以兩百日圓買到，有效期限一年。你們如果真的要去捉河童，就一定要先去買。對了，還有，即使有了許可證，也不能隨便捕捉河童，必須遵守七項規定。萬一不遵守，就沒有資格捕捉河童，這一點你們可得銘記在心啊！知道嗎？」

他皺著濃密的眉毛，對我們大聲地強調。

我們問他：「請問有哪七項規定呢？」

他像是早就料到我們會問他似的，立刻答道：

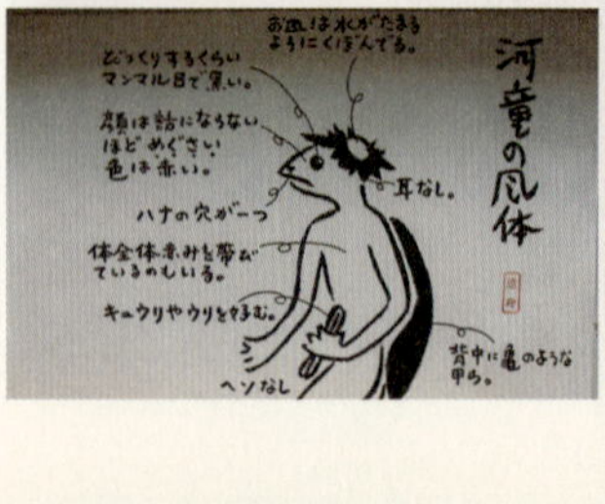

「首先，捕捉的時候不能傷害到河童。還有，不能傷害他頭上的盤子，也不能讓盤子裡的水流出來，捕捉場所只限在河童淵，只能捉紅臉大嘴的河童，誘餌要使用新鮮蔬菜，絕對不可以使用鐵製工具。記住，萬一成功捕捉到了，一定要得到觀光協會的承認才可以。」

他一說完，又從背包裡找了某樣東西給我們看。那是一根看起來成熟且美味可口的小黃瓜。

「你們如果有自信能遵守這幾項規定，就能開始進行了。到時候，務必使用熟甜的小黃瓜，河童雖然行事小心翼翼，但是用小黃瓜這種誘餌的話，他們會不管三七二十一就衝來搶。這一點他們倒是挺單純的。」

他折了一截小黃瓜放進嘴裡，剩下的分給我們。

「我能說的就是這些，接下來全靠你們自己。眼力好的人，說不定在遠野車站附近就可以幸運地看到河童的足跡。要是想知道更多關於河童的事，你們可以到昔話村去看看。那裡有親切的菊地玉老奶奶會講古時候的故事，你們聽了或許就能找到一些關於河童的線索吧。」

他又再對我們說了幾句祝福的話之後，就站起來拍拍屁股走了。然後我們開始啃他給的小黃瓜，水分飽滿，真的很甜、很好吃。河童說不定真的會冒生命危險來搶這麼美味的小黃瓜呢。

這位A先生跟我們說這麼多，到底幫助有多大實在不得而知。然而，我現在開始覺得捕捉河童似乎不是件難事。如果真的捉到，我一定要送A先生一份謝禮才對。

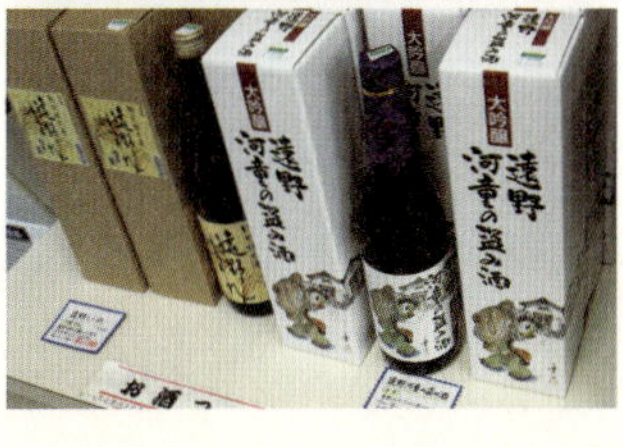

因為電影和漫畫的影響，很多人以為河童有著可愛的模樣，但事實絕非如此。河童的長相可怕到會讓人做惡夢。

Point

滿載童年回憶的
玩具收藏館

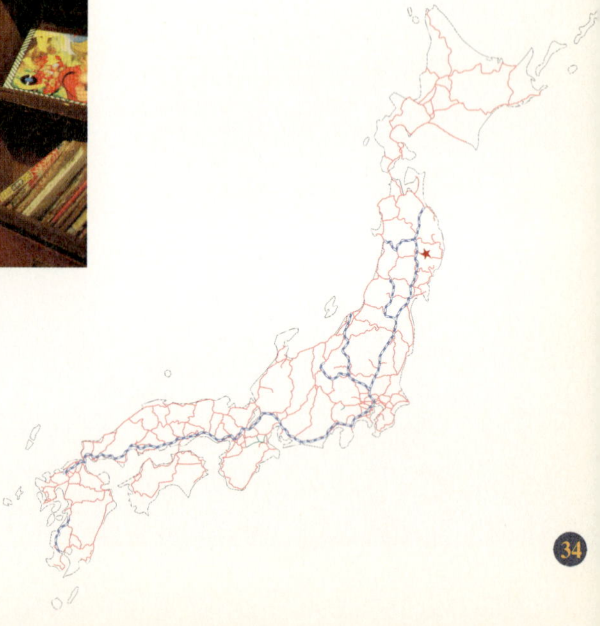

一窺男孩與女孩的閣樓

在藏之道展示館

小時候，「冒險」是我們最熱中追求的事情。每次只要去同學家玩，都會覺得興奮不已，因為小孩子通常都只在大人許可與限制的世界裡活動，所以「去同學家」事實上算是「脫離父母的管轄範圍」，說穿了就是去「冒險」的意思了，就好像原本緊閉的祕密之門被打開，讓我見識到不同於自己家的嶄新風景。別人家特有的味道、屋子的隔間格局、裝飾、掛在牆上的圖畫，都與自己家不同。就連家族成員，甚至於養的寵物也都不一樣。

讓充滿好奇心的小小冒險家感到不知所措的，是陌生大人們的關心。因為做父母的都會擔心孩子是不是交到壞朋友，而頻頻詢問：「你住哪裡啊？」或者「你父母做什麼工作？」、「你功課好不好啊？」等等具體的問題，這就是冒險時的最大危機。這時，若能用孩子的單純與率真做盾牌，擋一擋大人那些尷尬的問話，接下來就可以開始嚐到甜頭囉。不但可以免費吃到小孩子捨不得用零用錢買的好吃糕點，還能喝到好喝的飲料。運氣好的話，還可以和同學的家人一起吃飯，品嚐那一家特有的食物。當時，同一種食物在每一家嚐到的味道都不一樣，我為此感到十分神奇。同樣是泡菜火鍋和炒魷魚，在我同學A家吃到A味道，在同學B家吃到B味道，為什麼會這樣呢？對此我一直感到不解。其實那是因為我年紀還小，不懂得什麼是手藝。不過，通常哪個同學媽媽的手藝好，我就會常常去那個同學家呢。

但是話說回來，拜訪同學家最棒的事，在於可以看到同學秀出自己的玩具收藏品。在我那個年代，都是把自己珍惜的玩具裝在大玩具箱裡，保

管在閣樓或置物間，要不然就是放在某個祕密基地。那種地方就好像電影《法櫃奇兵》發現法櫃的地方——靈魂之井那般神聖。放玩具箱的地方通常也有哥哥或姊姊的寶物，而且總是會和「乾淨整潔的客廳」形成很大的對比，大都堆滿了雜物。在看同學的寶物時，還會跟著玩起來，就如同在玩具店裡觸摸一直想買卻沒買的機器人一樣令人興奮。不過有一點必須注意：同學的哥哥或姊姊的寶物有些像下過咒語般，絕對嚴禁碰觸。

很意外地，我在遠野竟然找到了類似的地方。我之所以會感到意外，是因為這並非當初來遠野旅行的目的。可能是託遠野的孩子王河童的福吧。因為不管我們怎麼叫喊「河童，來玩吧」，河童還是不肯現身，就在我們為了尋找河童而徘徊於蜿蜒巷弄之際，偶然發現了這個古早童玩展示館。因為不是預期中的事，所以當我們看到展示館時，心裡十分欣喜。

遠野的藏之道展示館就像山地小學一樣小而雅致，比起展示館這個名稱，掛個「玩具收藏館」的小招牌可能還更適合一點呢。灰色屋頂、白色牆壁、木造窗框，搭配前院鋪設的碎石步道，整體感覺很整潔。中央玄關不大，但是完全敞開來歡迎著訪客。

我們小心翼翼地踏進了這棟陌生的建築。裡面安安靜靜的，卻不是那種沉重的氣氛。這裡有兩層樓，不是市民展示館或創作活動室等這類專門的藝術展示館，而比較像是容易親近、一般人可以自由參觀的地方。雖然

角落裡裝飾了一些令人懷念的塑膠模型玩具。真是神奇啊，明明是第一次看到的，卻完全不會感到陌生。

不是想像中的閣樓那般隱密的空間，但也沒關係。因為在我們看到藏在此地的祕密空間的那一刻起，冒險已悄然展開！

一眼就看到每個十日圓的小包王子麵、果凍、棒棒糖，裝滿在一個個籃子裡，也看到魷魚乾、泡泡糖、葡萄與橘子口味QQ軟糖（Gummi），旁邊還有顏色鮮豔的水果造型泡泡水。牆上有一九八〇年代風靡一時的偶像——光源氏的照片，還有假面超人等人形卡通主角的各種特殊攝影照片，角落則擺了一些令人懷念的戰鬥機與坦克車的塑膠模型玩具。還有，用數百個小塑膠珠子串成的項鍊組合，以及精緻的超人力霸王（ウルトラマン）面具，都吸引著我們的目光。真是神奇啊，明明是第一次看到，卻完全不會對這一層樓的東西感到陌生。因為這裡簡直就是我小時候放學時常去光顧的校門口前文具店的樣子。記憶中熟悉的餅乾與玩具，以印刷著日文名字的包裝在這裡販賣著。怎麼會和兒時的童玩如此相似呢？

這份驚奇一直延續到我踩著嘎吱作響的木階上到二樓閣樓。閣樓在日本叫做「あちっく」，是男孩、女孩堆藏他們視為寶貝的寶物之處。我們看到可以拿來打彈珠遊戲的五色彈珠，以及一張大海報裡頭有我們熟悉的老虎面具、金肉人（キン肉マン）、鐵人28號等等的卡通人物。層板展示架上，各種大大小小的陀螺放在一個大玻璃瓶裡。長長的玻璃盒裡，裝滿了各種包裝鮮豔的糖果和餅乾。其中有一種和「Orion milk caramel（韓國牛奶糖）」包裝類似，叫做「森永もりなが」的黃色牛奶糖。我在韓國看過廣告，說它是和森永技術合作，難怪包裝看起來幾乎一模一樣。

鮮豔的黃色包裝上，有「M」字的白色天使圖案。雖然韓國Orion現在已經換了包裝，但日本森永仍舊和以前一樣沒變。還記得小時候，如果放一些在褲子口袋裡，牛奶糖遇熱就會和包裝紙黏在一起，就索性連包裝紙一起嚼……。想起這些事，我就不禁笑了出來。在鄰國日本發現充滿回憶的零食，而且讓我憶起童年往事，這種感覺真的很奇妙。

房間裡到處都是展示櫃，大部分都放滿了男孩子喜歡的玩具。無敵鐵金剛、超人力霸王、酷斯拉、原子小金剛、假面超人等等，都是我們熟悉的卡通人物。房間角落擺了一臺看起來會製造出很大噪音的老舊電風扇，還有一臺媽媽那個年代的古早裁縫機。還有穿著樸素的芭比娃娃，各個髮型都不相同，卻都睜著大大的眼睛。也看到可以玩換衣服遊戲的紙娃娃，穿的不是韓服，而是日本和服。雖然和韓國很類似，但有些小地方就是不同，這一點倒是挺有趣的。

老舊的皮製包包掛在書桌旁，椅子下方擺了雙俗氣的黑色鞋子，書桌的書架上陳列了滿滿的《少年Jump》、《少年Magazine》、《少年Sunday》等，名字皆是少年開頭的漫畫雜誌。還有看到暑假作業本「探究生活」以及漫畫《蠟筆小新》。另一邊角落放著年代更久遠、看起來很老舊的一些黑膠唱片，泛黃的封套

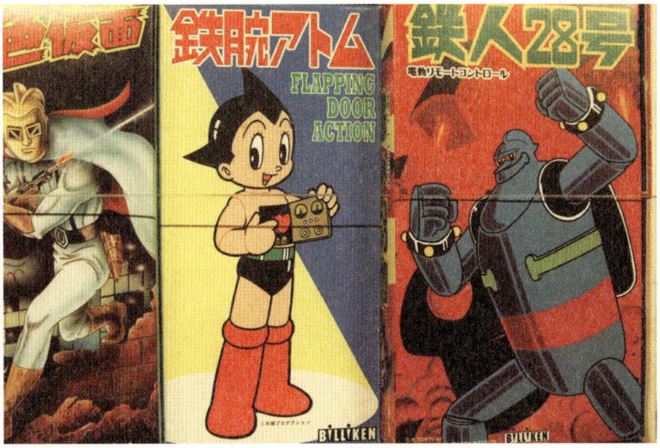

更顯出歲月的痕跡。一旁生鏽的唱盤機上面還放著如今稱為原聲帶的電視連續劇主題曲唱片，像是期盼有一天能再被播放出音樂似的靜靜平放著。

比較之後不難發現，韓日兩地的童年實在有太多相似之處。明明是鄰國日本充滿古早回憶的閣樓，卻和韓國的閣樓沒什麼兩樣，就好像和鄰居小孩共有童年回憶一樣自然。可是坦白說，我沒想到相似度竟然會如此高。走出展示館之前，我買了紅色包裝上寫著「ラーメン屋さん太郎」（拉麵屋太郎）的點心麵，小時候喜歡吃的就是這個味道。名稱不同，卻有著意想不到的相同味道。我把剩下的點心麵一口氣全倒入嘴裡，在發出咔拉咔拉聲的同時，很快就吃下肚了。逛完鄰居小孩的童年回憶，我回想起過去的回憶，而這樣的今天以後會成為另一個回憶。回憶的領域，每天都在逐漸增加。

京町通り
シュガー
キャベツ
TEL 62-0505
そば
清風荘

真正舒適的旅客休息所

住宿在日式旅館

一說到日本的宿泊設施，大部分人最先想到的大概就是日式旅館。它的特色是：親切的接待服務、優質的溫泉、豪華的料理、漂亮的日式竹林庭園。日式旅館彷彿一幅東洋畫，美麗又具特色。雖然一樣都稱為旅館，但是絕對不能把日式旅館想成韓國的旅社，也就是說，千萬不要模稜兩可地認為兩者「差不多」。事實上，日式旅館已經脫離了單純住宿的範圍，而是深具日本文化的地方。如果想要瞭解日本，就應該要親身體驗一次日式旅館。

我第一次體驗日式旅館是在松江市郊，位於玉造溫泉的佳翠苑皆美。在這之前，我從日本電影和日劇中看到的日式旅館都是很簡單傳統的。但佳翠苑皆美卻有著媲美大飯店的規模與設施，改變了我的刻板印象。在日式屋瓦建築與整潔的庭園造景後方，是一棟大大的客房建築；寬廣的前院鋪設碎石步道，再往裡面可以看到停車場的車輛，整體給人似曾相識又有些生疏的感覺，我有點吃驚。

一進到旅館，穿著和服的「女將」（旅館的女主人）和員工們便親切地向我們打招呼，並且很有禮貌地接待我們，絲毫不遜於一流大飯店。辦好入住登記之後，這位看起來已經年過六十的女將親自帶我們到住宿的房間。不

過，我們經過的並不是電影裡的那種老舊地板與狹窄走道，而是一旁有商店、餐廳、土產店的通道，甚至還可以搭電梯到房間，是很現代化的地方。女將仔細介紹了旅館裡的所有設施，雖然仔細得令人有些不自在，但也不會讓人覺得討厭。途中遇到幾位穿著浴衣的客人自在地與我們擦身而過，更令人感受到濃濃的異國情趣。

一進到客房，是鋪滿榻榻米的傳統和室。該怎麼形容呢？總之就是整體感覺很一致，整個房間的擺設與布置非常搭配。燈光很明亮，而且房間裡的圖畫與瓷器等裝飾品、日式紙門、深褐色的大桌子，都隱約呈現一種優雅的情趣。還有，漂亮的木製燈籠掛在別室的天花板上，從雅致的別室窗望出去，可以看到玉造溫泉地區的美麗風景。女將和我們一起進房之後，從頭到尾都以隆重的跪姿向我們解說房間裡的各個事項。她的語氣十分溫柔，每講完一句都會低頭彎腰地恭敬禮客，這樣的服務精神實在很了不起。我想若不是出自於內在修養，大概很難展現出這般的風範吧。

最後，女將與我們確認了晚餐的上菜時間後，說了一句「請兩位好好休息」，便靜靜地離開房間。在離開之前，她還倒退出去，再把門帶上，從頭到尾都沒有背對我們，這實在是非常了不起的待客態度。接著，我們換上了旅館為房客準備的浴衣，便走出房間去泡湯，打算泡溫泉泡到與女將約定的時間為止。玉造溫泉一向被譽為「神之浴水」，當我們感受這溫泉水的滑溜觸感時，心情頓時變得十分愉快。一面仰望著太陽西下的火紅色夏日天空，一面享受著露天溫泉，再多的身心疲憊都被一掃而空了。

泡完溫泉回到房間時，桌上已經擺滿了各種山珍海味佳餚。這是懷石料理，以前只聽過，還沒吃過呢，而今我們在佳翠苑皆美就要初嚐這美味餐點了。聽說這是日式旅館的特色之一，但我到現在才知道，所以有些驚訝。首先我們先嚐了餐前酒，然後吃了現烤的烤魚和魷魚等開胃菜，接著是梅黑醋沙丁魚與蝦子做成的前菜，還有加入鮮嫩牛肉的火鍋料理，然後是生魚片冷盤；也吃了在米飯上撒入海苔、蔥、芥末，再淋上綠茶的茶泡飯，這道是當地的特產。餐後的水果盤上有水果、蛋糕和甜地瓜。這麼多種類的美味佳餚都刺激著我們的五感，真是好吃極了。

每道菜都非常講究擺盤，食材的形狀與顏色都很協調，顯得十分可口。這也讓我們在吃的時候，有點不忍心拿筷子去破壞它的美感。這簡直是藝術的境界，真可謂珍饈盛饌。在吃完多達十幾道菜餚的料理後，隔天早上我們又吃到了同樣豪華的餐點。

在韓國也頗負盛名的日本度假盛地——湯布院，那裡的草庵秋櫻則是與佳翠苑皆美完全不同風格的日式旅館。草庵秋櫻保留著傳統氛圍，也就

傾心地誠摯接待每一位客人，這是日本到處可見的服務精神。實際體驗之後，我更加感到吃驚不已。

是說到日式旅館就會浮現在腦子裡的那種模樣。綠意盎然的雅致庭院，以及站在門口就能感受到濃濃日本味的古典室內裝潢，在視覺上是絕佳的享受。走在室內走道，溫柔燈光散發出一股靜謐的氣氛。任誰在看到這家旅館的瞬間，都會忍不住讚歎道：「原來這就是日式旅館的特色啊！」

草庵秋櫻並沒有那種在佳翠苑皆美看到的喧嘩客人，我只看到在服務檯等候接待客人的女將與員工們的和藹微笑。基本上，這兩間旅館在待客方面都是說話很溫柔，「令人有些不自在的」以客為尊的服務態度，感覺都很不錯。但我個人覺得，草庵秋櫻的接待方式讓人感覺比較放鬆，這或許是因為我不習慣日本太過講究禮儀的服務態度吧。

草庵秋櫻的設施基本上和佳翠苑皆美大同小異。同樣地，在辦好入住登記之後，女將引導我們到房間，一邊走，一邊仔細地說明這間旅館的相關事項。也和佳翠苑皆美一樣，都是很乾淨的日本和室房間，也為房客準備了浴衣。

不過，草庵秋櫻周圍的風景更加宜人，主要是以樹木營造出悠閒舒適的氣氛，彷彿身處在山林中的咖啡館裡，令人心境清爽。客房裡充盈著榻榻米的香氣，整個房間又大又寬敞，並隔開了客廳與臥室，簡直就像到熟識好友家中做客的感覺。透過日式紙門，看到以竹子圍出高牆的雅致庭園，更增添了愜意的情趣。尤其是房裡有獨立的露天溫泉，沒有限定使用

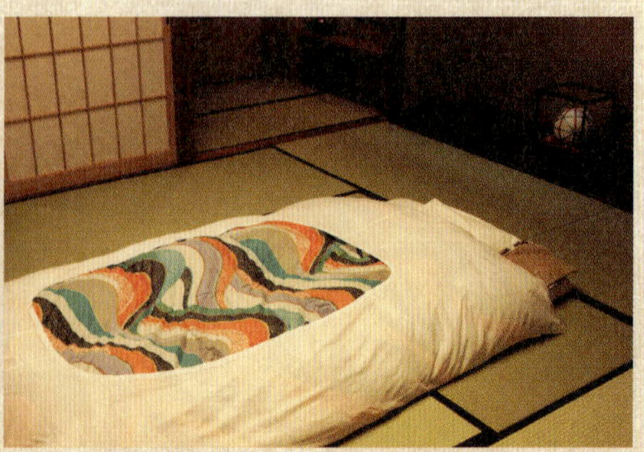

時間，隨時都能享受泡湯的樂趣，這一點甚至讓我有豪奢的感受呢。

儘管一切都顯得極為傳統與日式，但餐點卻具現代風格。這裡的懷石料理甚至有鵝肝醬牛排。沒想到在傳統的日式旅館裡，竟然會有這麼西式的餐點，而且是包含在懷石料理的菜單裡！菜單裡有鰻魚湯、生魚片冷盤、沾鰹魚醬的烏龍冷麵、用自家種植的米煮出來的白飯、各種醃漬醬菜等，這些確實是日式料理沒錯，但鵝肝醬牛排卻讓我們感到陌生。這樣的組合究竟是否適當呢？不過，我心中的擔憂只存在一下子就被一掃而空了！華麗的盤子上，擺著看似高級的鵝肝醬牛排，我輕嚐一口就發現到，味道竟然能與前後道的日式菜餚搭配得恰到好處。詢問服務人員才知道，這是草庵秋櫻原創出來的料理，屬於創作懷石風格。

日式旅館的套餐料理分為兩種：懷石、創作懷石。像佳翠苑皆美這種飯店式的日式旅館，提供的餐點是懷石料理；而像草庵秋櫻這種傳統日式旅館，反而是提供混搭風格的創作懷石料理。我想日本這個國家的文化特徵，應該就是在「繼承長久的優良傳統」的同時也能夠接受其他文化，而創作懷石料理就是反映這種文化特徵的其中一例。

在日式旅館，除了單純住宿外，還能讓旅客瞭解日本文化，這樣的經營方針非常好。浴衣、溫泉、懷石料理等，都值得我們再度回味其中的樂趣。

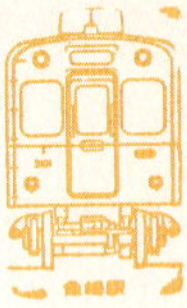

岩手縣・花卷（ JR｜東北新幹線、釜石線・新花卷站周邊｜本州之東北地方）

Stop 36

觀賞銀河鐵道之夜
銀河鐵道星空牆

花卷的暱稱是「彩虹」（チェールアルコ），聽說到了這裡可以看到從未來都市駛向外太空的銀河鐵道。即使現在不可能立刻出發前往外太空，但人類始終懷抱著總有一天要飛到外太空旅行的夢想。所以趁著這次機會，我決心無論如何也要到花卷一窺銀河鐵道的美麗模樣。也可以說，我這次是為了從小到大的夢想而前往的。

要前往彩虹站，一定要坐銀河夢線釜石線。銀河夢線釜石線總共有二十四個車站，其中包括以《遠野物語》聞名的遠野。這是搭火車去花卷的唯一路線，而且每一站都有世界語（Esperanto）式的名字。所謂世界語，是波蘭的眼科醫師Zamenhof所創建的國際共通語，據說銀河鐵道的創始者宮澤賢治也經常使用世界語。銀河夢線釜石線各站的世界語式名字都是代表與該站有關的特別含意，讓人感覺有種神祕的氣氛。

チェールアルコ（Cielarko）站代表著「彩虹」的意思，是這條銀河夢線釜石線的終點。我們搭JR到達新花卷站，再換搭銀河夢線釜石線，從新花卷站到終點站需行經兩站，大約要十分鐘的時間。

雖然彩虹站是終點站，但是車站裡沒有什麼人，顯得十分冷

Route /共55mins, 39.6km

遠野Tono ▶ JR 釜石線 ▶ 新花卷Shinhanamaki ▶ JR 釜石線 ▶ 花卷Hanamaki

Point

宮澤賢治
《銀河鐵道之夜》，
動漫《銀河鐵道999》

36 觀賞銀河鐵道之夜

清與安靜。只看見幾個像是要回家的旅客臉上毫無朝氣，表情很疲憊。

「請問開往外太空的銀河鐵道是在這裡嗎？」

我們找了一個看起來心情很好的站務員，向他問道。

「是的！銀河鐵道是在這裡。」

他高興地笑了，繼續說道：

「可是要等到太陽下山才行。銀河鐵道不會在明亮的大白天出發哦。」

「那麼，什麼時候可以看得到呢？」

「這個嘛，在夏天，大約是傍晚七點半左右吧。」

七點半……。夏天太陽下山的時間比較晚，所以要到七點半左右天色才會變暗。看看手錶，現在快六點了，必須再等一個半小時。我們不想在車站內枯等，所以向站務員問過路之後就走出車站，在出口右邊的便利商店買了炒麵麵包和可樂。今天的晚餐得在路邊吃了。

一走出車站，就看到停車場裡停滿了車輛，也看到一整排正在等待客人的計程車，就跟其他車站經常會看到的場景一樣。只不過，有許多銀色柱子上面架著隨風旋轉的小風車，彷彿在訴說著我們現在所站的地方有多麼特別。

一旁建築的牆上畫了星座，也像是在呼應這裡的特別。我們依照站務員說的，往前方的大馬路走，然後再左轉，隨即出現一條坡度平緩的下坡路。過馬路後，靠右邊的人行道走下去，有一道會遮住視線的矮牆。走過這座矮牆後，會看到墓地與一座寺廟，廟旁有條小溪。我們繼續走著，直到左邊出現叉路為止。在這三叉路口會看到馬路上方有火車專用的橋樑橫越而過，就到達目的地了。

沒想到銀河鐵道竟然如此緊鄰道路，而且旁邊還有墳墓。我原本以為銀河鐵道會是在距離天空較近的山丘上，或者祕密洞穴附近之類的地方，與我的想像差很多。這裡真的有銀河鐵道嗎？

有一道像是要擋住天空似的高大水泥牆聳立著。在有些褪色的水泥牆前方是雙線道，雖然車子不多，但是偶爾會有車輛駛過並投射出車燈的光線。叉路的橋上會有銀河夢線釜石線的列車經過。鐵路的電線位於高處，有一群表情傲慢的烏鴉正停在電線上，用令人聽了心情會變差的聲音不停叫著。在日本，烏鴉是代表吉祥的

36 觀賞銀河鐵道之夜

鳥，所以說，將有好事要發生了嗎？

這群烏鴉在列車通過時飛上天去，等列車走了之後又會再停到電線上。不過，這裡真的能看到銀河鐵道嗎？隨著時間一分一秒的過去，我也越來越感到疑惑。

終於到了太陽下山的時間，四周一切在黑暗中都看不見了，只看見夜空的星光像疲憊的眼睛閃爍著，宛如這些星星很快就要睡著了。這時突然間，在牆對面的銀色照射燈如同奇蹟般地開始發出隱約的紫色光。隨即，原本不起眼的灰牆上慢慢出現美麗的星光夜空。

哇啊！被白色光圈環繞的地球，還有一列從地球出發繞過月球的銀河鐵道列車。另一列車則是駛往相反方向。金色的鋼鐵車身迅速駛過的閃耀光影，色彩十分漂亮。

我彷彿聽到列車鳴笛聲，感覺車頭就要冒出蒸汽白煙，然後駛過遠方的黃色行星以及無數顆星星。向前奔馳的銀河鐵道列車，想必搭載著因為不同事由與目的地而搭乘列車的旅客吧。不知為何，我覺得這像是一趟無法再回來的旅程，讓我心中不禁感到有些難過。然而，就算是無法返回的旅程也沒關係，只要能坐在銀河鐵道列車上，應該就心滿意足了吧。

我轉頭看看四周，不知何時已聚集了許多人在路邊欣賞。他們像是不願錯過即將消失於遠方的銀河鐵道列車的最後身影，目不轉睛地注視著。和我們一樣，都被銀河鐵道列車深深吸引著。和我們一樣，想去外太空，卻仍然只能留在地球上。

美麗的銀河鐵道實在令人難以轉移目光，我們好不容易才轉身離開，而且還不斷回頭看了好幾次。在找尋住宿處的路上，這輩子第一次親眼目睹的銀河鐵道模樣，始終停留在腦海裡久久揮之不散。

尋訪銀河鐵道的時光

事實上，我很想要看星野鐵郎與梅德爾搭著銀河鐵道列車前往銀河旅行的模樣。

我滿懷期待去尋找了，卻怎麼也見不到他們的蹤影。

但是我在宮澤賢治童話村時，有很短暫的一段時間，回想起曾經廢寢忘食坐在電視機前看《銀河鐵道999》的美好回憶。

宮澤賢治童話村

童話作家宮澤賢治出生於日本岩手縣花卷市，而在花卷市的宮澤賢治童話村是為了紀念他而建成的展覽館。動畫《銀河鐵道999》的創作靈感來源，就是宮澤賢治的小說作品《銀河鐵道之夜》。從JR的新花卷站搭公車約需十分鐘。

- 日本岩手縣花卷市高松26-19
- 8:30~16:30，12/28~1/1日休館。
- 門票成人350日圓。
- www.city.hanamaki.iwate.jp/sightseeing/dowamura/

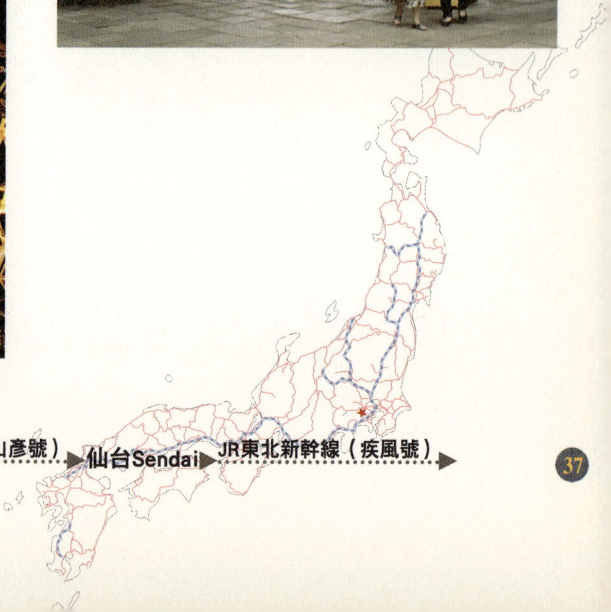

Route /共165mins,500km

新花巻Shinhanamaki▶JR東北新幹線（山彥號）▶仙台Sendai▶JR東北新幹線（疾風號）▶東京Tokyo

與東京鐵塔的第一次接觸

拜訪東京鐵塔之夜

我是何時見過那女子的？我怎麼會認識她呢？我倆從來未曾謀面，我卻對她的長相和氣質瞭解得一清二楚，不僅如此，在我的內心深處竟然產生一股強烈的想念。其實，只是因為我所接觸過的多部電影與日劇中，曾經出現過這位既熟悉又陌生的小姐的身影，如果一定要說的話，是她擅自向我展現自己的身影，擅自闖入我的心扉，擅自在我的心裡占據一席之地。

如此無意之間，我開始思念起她。這位充滿魅力的小姐，從未見過我，也未曾聽過我的名字，但我對她的思慕之心卻越來越濃。就好像對本來不感興趣的異性，因為一直聽到她的名字，一直聽到有關她的消息，一直聽到有關她的讚美，於是將她放在心上，真是愚蠢又可憐的情愫。

這樣的我實在太悲哀，也太一廂情願和委屈了，所以我刻意地想和她保持距離。在抵達東京之初，如果趁閒暇時間衝去見她，就好像在表白「其實我是為了妳才來這裡的」，但是我沒有這麼做，否則只會更加助長她的高傲之氣。最重要的是，我的自尊心沒辦法容許這種事。在韓國首爾的南山鐵塔，我連一次都沒上去過，沒有什麼其他理由，只是覺得「隨時都可以去」而一天拖過一天，才會到今天都沒去過。今日，身在異鄉的我若做出忍不住急著衝去看她的舉動，對等待我許久的南山鐵塔來說，不是太過失禮了嗎？

這樣下去是不行的，我非得讓她明白等待者的焦急心情。如果對我而言，東京鐵塔是冷冰冰的態度，那東京鐵塔也該覺得我的態度是冷冰冰的。我想吊一吊她的胃口，首先，我想要讓她知道我已經抵達她的居住地了，並且徘徊在她的四周，逐漸讓她意識到我的存在，但絕對不會直接靠近她，我只在她的腳邊打轉，頻頻對她送秋波，傳送出可以表達我的心意的眼神。

如今，她似乎察覺到我對她有好感，卻又無法確認這點，應該會對我這個突然出現在她周邊打探的男子開始感到好奇才對。她也許為了要多瞭解我，也開始對我有頗多臆測，現在該是試一試的時刻了。我故意將拜訪她的行程排在東京旅遊的後期，無論是在東京車站、銀座或台場，我和她幾度碰面，卻刻意不理她，努力假裝對她不感興趣，假裝不經意地避開她的視線。擔心被她察覺我的不安，讓我連斜眼看她都不敢，我單戀著她卻又故意那樣做，反而讓我對她越來越感到好奇。

「何時才會來和我搭訕呢？為何還不採取行動呢？這男子到底對我有沒有心意呢？是真心來看我的嗎？」如果她的心開始一點一滴動搖，想到我的頻率變多時，就是我去找她的時候了。今天似乎就是那個日子了，我比平時還要精心打扮，特地從旅行袋中拿出捨不得穿的青色襯衫和黃褐色長褲；把旅社的毛巾打濕，將因長途旅行而變得不成樣的運動鞋徹底擦拭一番；因為沒有香水，而抹了很多香味濃郁的修臉潤膚露。

這樣應該夠有誠意了吧，鏡子裡顯現出我在這趟旅行以來最乾淨俐落的模樣，最後再檢查錢包裡的錢夠不夠、票卡有沒有帶，然後又再次照鏡子，拉一拉衣服、順一順頭髮。不久後就可以見到心儀的她了，忐忑不安的心情稍微平靜下來。從旅館走出來，天空烏雲密布，陰沉沉的。本來想要搭計程車，後來還是決定搭地鐵，因為她所在的地區雖然離旅館不遠，但我還需要時間來沉澱思緒。

那女子所居住的地區比想像中還要有人情味。她看起來很幹練，我本以為她住在繁華的地區，然而這地區卻出乎

37 與東京鐵塔的第一次接觸

意料地給人樸素、開闊和清爽的感覺，到處都瀰漫著人們日常生活留下的氣息，不知不覺中，不安的心隨之輕輕放下了。看到裝設老舊煙囪的居酒屋時，讓人不禁莞爾，再看到俗氣的俱樂部用粉紅色建築配上黃色招牌，便忍不住笑了出來。

這時剛好出現一輛造型很有趣的腳踏計程車呼嘯而過，一下子就遠離我的視線，我也趕緊加快腳步。也許她也很緊張吧，她出現在遠方的大樓之間，有著若無其事的神情，紅色眼眸正閃爍著光芒。我們穿越不太高的大樓叢林和幾條商店街，就看到雄偉的增上寺大門，大門對面的林蔭大道呈現一股浪漫的氣氛，大道盡頭的古寺莊嚴肅穆地聳立著。啊，我的心已經開始小鹿亂撞，一路行經星巴克和西班牙酒吧，我的步伐變得更加急促，但是原本已經出現的她卻倏然從增上寺的屋頂後面消失無蹤。不會吧！我都已經到這裡來了，還用這種方式對待我，在我眼前出現就出現了，現在為何又要躲藏起來？我不明白她是在玩把戲還是害羞，總之有種被耍弄的感覺，也許這是受寵的她該有的行為吧。

她真是風姿綽約，與增上寺的日本傳統建築並排在一起，更能展現她性感婀娜的曲線美！看到如此尤物，又有誰能不為之傾心？她的魅力千奇萬變，當我和她的距離越來越接近，便越是被她的美麗所打動，這是任憑時光如何久遠也難以抹滅的致命魅力。來到東京後所苦惱的一切全都憑空消失了，真是白忙一場。我已經完全被她征服了，現在隨她怎麼想都無所謂，因為可以一睹她的真面目才是最重要的事。我也是經過這件事，才體悟到原來人心的防衛是可以只見一次面就崩潰的，真是可悲。

我們走在增上寺的右側，從遮蔽天空的林蔭大道之間，隱約可以見到她的剪影不斷出現又消失。在她的身影下，我失魂似的牽動著腳步，突然間，所有的遮蔽物全都消失不見。到底是怎麼一回事？我打起精神來往上一看，她不就婀娜多姿地佇立在那裡，直挺的身材、優美的長腿、手工細緻的紅色罩衫，不論從何種角度，看起來都是無可挑剔的百分之百完美倩影。我的心跳開始加速，只要和她站在一起，只要默默地看著她，似乎連我都變成特殊的個體。唯獨她擁有這股神祕的力量。沉醉在她不可抗拒的魅力之下，我突然感覺到花時間徘徊在她的四周兀自苦惱，真是白費時間且多餘的事。

在她的身邊，圍繞著和我一樣對她傾心的云云眾生。我和他們一起等候，最後才得以和她相見。我像是青春期的少年害羞地向她打招呼，而她默默不語，只是安靜地對我比個手勢。我似乎向她交出了自己，順從地跟隨她。她帶領我往上升，也不知道上升多高了。突然間，停止移動，她向我指示，跟隨著她的視線看去，那裡有片可以看透四面八方的玻璃窗。透過窗戶，呈現出言語無法形容的東京夜景之美，整個都市被閃耀不停的燈火所包圍。在黃色的街燈下，汽車的車燈串流在河流般的道路上，一盞一盞的燈火正渲染著東京這座都市，讓它在夜間散發出耀眼光芒。

37 與東京鐵塔的第一次接觸

啊，原來她是想要帶我來看這幅景色。我憑著一股茫然的憧憬來到這裡，卻從她身上獲得最美好的禮物，如此一來，讓我對她的情意更加濃烈！

簡短地向她道別後，我才踩著依依不捨的步伐離開，不知何時，她已用燈火來梳妝打扮，看起來比白天更加成熟美麗。看到她如此盛裝，更讓我不願與她分開。何時還能再相見？今日一別，我還是依然愛戀著她，我又得再次藉著照片、日劇和電影來思念她。早知如此，應該早一點來找她，多花一點時間和她相處。這一天如夢般快速結束了，而我的心就像是在夢中一樣迷迷糊糊的，讓我茫然了。

專屬於她的孤傲真是太有魅力了。不一會兒，她又再度在我眼前顯露倩影，那是生平第一次令我著迷的身影。

淺草寺

在東京最古老的古剎淺草寺大殿前，青銅香爐上香煙裊裊上升。傳說這裡的煙氣會給人帶來幸運，或許是因為如此，來這裡祈求願望的人真是萬頭鑽動。

我也在人群中，浸身在煙氣裡祈求心願：「請讓我可以再來這裡許願吧。」

淺草寺

可搭乘地鐵銀座線或都營地下鐵的淺草線前往淺草寺。從淺草車站一號出口出來，保持直線前進大約走三十公尺，即可在右邊看到雷門的紅色燈籠。

東京都台東區淺草2-3-1

2至9月6:00~17:00，10至3月6:30~17:00。

www.senso-ji.jp

Point

動漫《灌籃高手》、
電影《青之炎》的
場景取材地

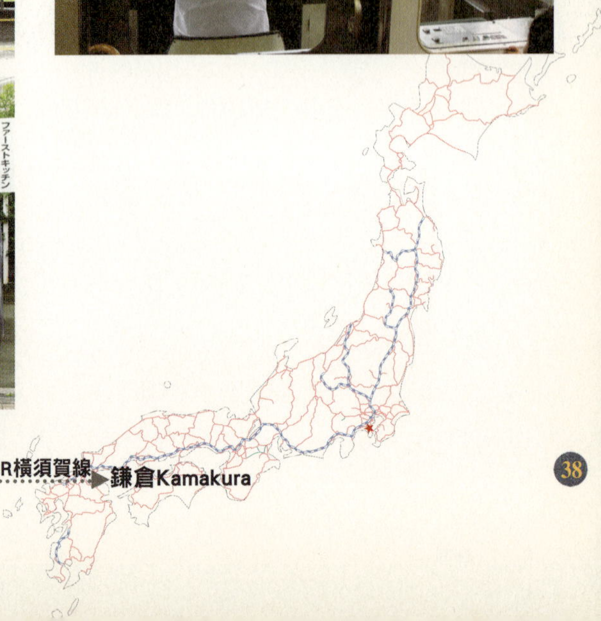

Route /共55mins,51km

東京Tokyo ▶ JR東海道線 ▶ 大船Ofuna ▶ JR橫須賀線 ▶ 鎌倉Kamakura

搭乘江之電到湘南海岸

夏天還沒結束呢！

列車慢慢駛過，民宅圍牆上的藤蔓距離我們很近，好像從車窗伸出手就會摸到的距離。這一條電鐵稱為「江之電」，綠色的車身就像技術熟練的自行車似的，在狹窄的巷道裡到處穿梭。真的是行駛於巷道中的電車！之前已經有所聽聞，所以心中早就在期待了，只不過，我沒想到距離真的這麼近。鎌倉市的景致不斷呈現在我眼前，透過大大的車窗可以將前後左右的四方風景一覽無遺。可以看到有老奶奶在自家前院晾著衣服，小市場緊臨鐵路旁，洗衣店老闆認真地熨燙衣服，公園裡一群孩子高興跑跳著，便利商店、拉麵店、麵包店、理髮店等。由江之電的列車車窗，可以看到絲毫沒有過濾的鎌倉市日常真實風貌，一幕一幕地呈現在眼前，而且距離近到幾乎伸手可及。

這時，我看到有一間淡橘色民宅半開的窗子裡，有個女子倚在床邊看電視。我和她四目相望了一下，而她像是對這種事毫不在意似的，眼神沒有任何動搖。呃，反而她看我的眼神，像是看到在偷窺別人房子的寡廉鮮恥的男人呢。鎌倉市著名的江之電，最初是以路面電車的形式開始營運，當時就已經和民宅如此接近。江之電列車在市區中心的柏油路上與車子並行，沿著房子與房子之間的鐵道，大剌剌地穿梭於巷道中，兩節車廂真像是大塊頭的鐵板自行車般在道路上鑽來鑽去。

有一對情侶坐在黃色摩托車上，兩人都戴著一樣的黃色安全帽，原本與電車並行著，不久後就慢慢跟不上電車，消失於視線之外。電車的速度雖然比其他列車慢，卻像馬戲團的音樂一樣順暢且緊湊，按照固定速度與路線，

㊳搭乘江之電到湘南海岸

不停地往前行進。我們坐在電車裡，像牽著媽媽的手在好奇觀看的孩子，都快把鼻子緊貼在窗戶上了，目不轉睛地看著生平第一次看到的奇妙風景。當然啦，在窄小的電車裡，這兩個大人做出這樣的舉動看起來是滿怪的，但幸好在江之電列車上這麼做好像被視為當然的事。有很多人都和我們一樣望著窗外風景，甚至還有一些開心地發出驚呼聲的「江之電初體驗者們」。還有，有一位先生從頭到尾都占據著視野最好的駕駛座後方的大面玻璃窗，一動也不動地攝影著。相反地，也有人在這熱鬧氣氛下仍然安靜讀書，或者細聲聊天，這些人相對顯得非常悠然自得。

突然間，原本遮住視野的房子都不見了，只看見寬廣的大海展露在眼前。一望無際的海平線、鬆軟的沙灘、乘著波浪如螞蟻般大小的衝浪者們、沿著海濱雙線道急駛而過的車輛。這裡就是湘南海岸了。在日本，湘南海岸等於是年輕的代名詞，被公認是東京近郊最美的海灘，而且這一帶的海浪起伏很適合衝浪，所以特別深受衝浪愛好者的青睞。

不過，喜歡湘南海岸的並不只有衝浪者，也有很多年輕人喜歡來這裡。就連遠在對岸的韓國年輕人也對這個一般韓國人不熟悉的海岸很感興趣，因為這裡是漫畫《灌籃高手》的場景取材地。漫畫裡的主角們經常搭乘江之電列車，騎自行車繞著濱海道路，或在湘南海岸慢跑，所有的場景都在鎌倉。因此，只要是看過《灌籃高手》的人，都會好奇地想看看這個地方。

我們為了去江之島，而在江之島站下車。因為肚子餓，決定先吃午

餐再說。環顧四周有很多餐廳，其中的一個小招牌吸引了我的目光。名字叫「辛屋本鋪」（からや本鋪），到底有多辣呢？辣到取這樣的店名？讓我大感好奇。而且店前的菜單板子上，甚至有韓式拌飯與韓式肉湯飯。該不會這家店會取名「辛屋」，是因為有賣辛辣的韓式料理嗎？因為想看看和韓國有關的事物，而且想吃辛辣的食物，我們沒有多加思索就走進這家店。果然不出我所料，老闆是在日韓僑第二代，繼承了母親經營的餐廳。這位名叫李康奎的老闆有著圓眼鏡、圓臉和圓肚子，個性非常豪爽又親切。

「うちの泡菜嚐嚐看。是おじさんの太太つくったもの的，不加魚露，和日本泡菜あじがちがう（嚐嚐看我們的泡菜。是我太太做的，不加魚露，和日本泡菜的味道不一樣）。」

這位老闆用了百分之二十的韓語與百分之八十的日語，混合出很不流利的韓語。我們可以感受到他想要說韓語句子的用心。雖然聽起來有些複雜，但他說得很誠懇。我們和他聊起來之後，完全沒有初次認識的那種陌生感。而且這家店的食物非常美味，我們吃了老闆推薦的胡麻醬冷拉麵，現在想起來口水都快要流下來了，味道真的很棒。

這道拉麵的味道，與其說是韓式辣味，不如說比較像中國風味，辣油與芝麻混合而成的獨特調味，香氣十足又辛辣。不但食物美味，餐館氣氛佳，老闆也很風趣。我們就像老朋友一樣暢談，和老闆聊了超過一個小時。後來，老闆索性說今天生意不做了，一直要我們多待一些時間。經過

位於紅色鳥居與陡峭階梯後方的神社。
據說有三位女神以及深愛著其中一位女神的龍住在這裡，守護江之島的大海。

我們的一番婉拒，和老闆說好下次一定再來找他，才總算離開了辛屋本鋪。其實我們也很捨不得道再見。

接下來，我們要前往江之島，所以走進車站前的巷道。這條巷道像是電影《綠野仙蹤》裡的紅磚道，漂亮又整潔，引導著人們走向海邊。巷道兩旁都是些令人感覺輕鬆愜意的小商店，風一吹，便能感受到大海的味道。這股鹹濕空氣的味道輕撫著鼻尖，越靠近海邊就越濃烈，心中感到很興奮。雖然是陰天，但是毫不畏懼大浪、想要親身挑戰的年輕衝浪者們，使這裡的海邊顯得活力十足。立在運動俱樂部橘色大門前的黃色衝浪板，以及路邊種植的椰子樹，形成了頗具異國風情的景象。

一踏進與江之島相連的橋，就會看到一座龍雕像。只要走過這條長長的橋，便是江之島了。因為天氣關係而停駛的許多遊艇，在碼頭邊隨波浪搖晃著。拍打著橋墩的浪潮十分洶湧，氣勢浩大到讓人感覺隨時一個浪打過來就會把我們吞噬掉。走著走著，我們踏上了江之島，第一眼就感受到令人難以形容的細膩美感。這座小島感覺很純樸，卻也充滿著活力與熱情的氣氛！雖然有些地方舊舊的，但我們還是覺得涼爽的江之島很適合在夏日裡一遊。

可能是因為長久以來受到鹹濕海風吹襲的關係，守護著島嶼入口的綠色青銅鳥居外表散布著許多刮痕。走過這座老舊的鳥居，再沿著山坡路走上去，就是江之島繁華的商店街。山坡路不大，是窄到三個人並排走就會感覺擁擠的寬度。不過，這裡充滿了觀光客，以及不時誘惑著觀光客的紀念品與食物香味。這裡也如同其他觀光勝地，在商店街閒逛是一件非常令人開心的事。感受著觀光勝地所獨具的熱鬧氣氛的同時，我甚至覺得這裡有慶典的感覺。

鎌倉的特產是白色魩仔魚，有很多商店在販售。而江之島的貓也很有名，到處可見肥嘟嘟的貓咪以傲慢的身姿行走在人群中。

逛完商店街，我們走進位於最高處的江之島神社。首先看到茅之輪，據說穿過它可以消災解厄。還有一處池塘，據說在這裡清洗硬幣就可以招來財富。此外，神社裡還有一些非常有趣的小景點。所以在小島神社的神祕氣氛外，這些小景點也增添了更多遊玩與觀賞的樂趣，吸引著人們的目光。涼爽的海風、秀麗的峭壁風景、神祕的

洞穴、能夠登高望遠的瞭望臺等，鎌倉的這座小島具有觀光勝地應具備的所有吸引人之處，誘使人們來到這裡觀光。還有，島上沿著山坡建造的民宅聚落，遠遠望去也別有一番風情。

搭乘江之電來到此地的人，應該要去參觀的其中一個景點是鎌倉高校前站。這個樸素的小站沒有車站建築，連個站務員也沒有，卻是電影《青之炎》與漫畫《灌籃高手》的場景取材地，是無數粉絲的朝聖地，為江之電十九個車站中最有名的車站。特別受人喜愛的站前平交道，是動畫《灌籃高手》的開場場景，藍色大海、紅色的紅綠燈、綠色的江之電，組成一幅美麗的圖畫。在車站後方山上的鎌倉高校，據說是《灌籃高手》裡的天才仙道彰所唸的陵南高中的實際地點，經常有粉絲聚集在此。但這所學校基本上是禁止外人進入的，由此可知這裡受歡迎的程度。

越過平交道前狹窄的雙線道，順著階梯走下去就可以到達海邊，而且可以看到乘風破浪的衝浪愛好者在此勇敢衝浪，展現他們的年輕與熱

情。當我們走在海灘上時，也悄然變成了這幅風景畫的一部分了。

接下來，我們回去等江之電，準備坐車回東京。這時突然發現遠處的大海上方有一道彩虹，鮮明而美麗的姿態令人看得忘神。雖然是很短暫的時間，但是曾經因為彩虹而悸動的心又再次活躍了起來。最後一次看到彩虹是什麼時候，我已經完全想不起來了，卻在陌生的時間與場所遇到它。這份意外的禮物，讓我的心頭湧上一股濃濃的感動。

從明天開始，鎌倉應該又會豔陽高照，讓湛藍海水也變得溫暖吧。如果再多多享受此地的年輕氣息，我喜歡賴著不走的旅行病可能就會復發，而不肯離開這裡。今天的夏日鎌倉，點綴了我年輕歲月中的一頁；離開鎌倉時，這裡的夏日也如水、如風般流逝而去。

啟程回去的時間到了

原以為不長的時間，卻已經過了很久很久了。
距離我離開那裡的那一天已經過了一個月。
我已不像是要去郊遊的孩子那般興奮，
對於可能無法再見到這裡這件事，我也不悲傷，
面對所有一切都能泰然處之。
如今不論是在日本的何處，都是這趟旅程中最快樂的，
也是最孤單的。
可能是因為要啟程回去的時間到了，才會變得這麼珍惜吧。

Route /共677mins,1417km

東京Tokyo ▶ JR東海道新幹線、山陽新幹線（光號） ▶ 新神戶Shinkobe ▶ JR山陽新幹線（櫻號） ▶ 小倉Kokura ▶ 日豐本線（特急Sonic號） ▶ 大分Oita ▶ JR久大本線 ▶ 由布院Yufuin ▶ JR久大本線、鹿兒島本線（特急由布院號） ▶ 博多Hakata

播放韓國歌曲的小酒吧

這趟旅行的最後時光

我們又再度回到了出發地福岡。算一算，從抵達日本開始旅行至今，整整過了一個月。這代表著我們按原訂計畫，平安無事地完成了旅行，而且就要離開日本了。福岡的空氣仍然潮溼，仍然是忙碌的都市樣貌。不過我們對這座都市的感覺已跟初到訪時不太一樣了。那時感覺陌生而不自在的福岡，如今已不再是未知的世界，曾經感到新奇的風景也不再覺得特別。而且我交到了一個日本朋友，是只要一通電話就會馬上奔來支援我的那種好朋友。在陌生的異國土地上有這樣一位朋友，宛如在錢包裡放了一張可以無限使用的信用卡，感覺很有安全感。

「嗨，我在這裡。」

在擁擠的人潮中，有個熟悉的臉孔正高興地對我們招手。黑黑的皮膚，濃密的眉毛，健壯的身材，高個子，他的名字叫渡邊。他是我們在神戶的青年旅館裡認識的日本朋友，在這趟旅行途中曾經用電子郵件向他請求幫忙。他不僅幫了我們，還約好在最後一天要一起見面吃飯。

「好久不見了。這趟旅行有趣嗎？你們好像曬黑很多哦。」

在神戶時只有跟他相處過一天，但是他現在跟我們說話時，一點也沒有陌生不自在的語氣，令人倍覺親切。在醫院工作的他，原本今天要值班，卻特別為我們改了班表日期。我本來怕給他添麻煩，但他一直說沒關係。

「這沒什麼，福岡人都是這樣待人的。」

他像口頭禪似的又講了一遍。套一句他說的話，福岡的地理位置離韓國很近，或許是因為這樣，福岡人的個性和韓國人很像，是日本人中最豪邁直爽的，個性直來直往，很容易相處。

「福岡有很多餐廳的食物很豐盛，便宜又好吃，在日本其他地區比較少見。」

渡邊隱約對福岡帶有一股驕傲自負感。我們跟著他走在繁華的天神街區，大約走了十分鐘之後，進到一家頗具規模的居酒屋。

「歡迎光臨！」

這家店有著開放式廚房，裝潢很簡潔。

「有幾位呢？」

不管到哪裡都會聽到服務人員說的這些句子，今天聽起來卻格外有感情。可能是因為以後會有很長一段時間不能再聽到的緣故吧。

「我來幫你們點餐。」

渡邊說道。沒多久，桌上便擺滿了各種串烤、炸物，還有火鍋以及生啤酒，非常豐盛。我們笑著吃喝並聊天，有時聊到很興奮，有時很誠摯地交心談話。隨著時間一分一秒地過去，我們也更瞭解彼此，心裡也越來越捨不得。我們深刻地感受到，「和某個人成為好朋友，能讓人生變得豐富而多采多姿」是世界各地共通的真理，此時的我就是這樣的心情。

當我們的下酒菜吃到盤底朝天時，雖然已經有幾分醉意，我們還是決定到別的地方再喝一杯。我

走到櫃檯，掏出錢包想要付錢，在問店員多少錢時，渡邊卻說福岡人招待朋友吃飯喝酒是常見的事，拒絕讓我請客。難怪他一開始也不問我們就點了那麼多菜。我們只是和他共同度過一個晚上的外國人，他卻這麼親切大方，令人覺得很感激。

「這怎麼好意思呢？」

「那這樣好了，等一下換你們請客。」他對於我們的感激心意，毫無猶豫就明快答道。

「你是福岡人，就由你帶路吧。」我說。

我們為了要再喝一杯，便往中州方向走，打算去福岡最多屋台的地方。沿著橫亙市區的博多川走過去，一邊走一邊幫助消化，同時也醒醒酒。即使是平日晚上，這條街上也是人潮洶湧，每家酒店都客滿。不管在哪個都市，當地最繁華的區域所呈現的就是這樣熱烈的氣氛，而我們也在這裡感受到了。走了一段黑暗的河邊道路後，前方有明亮大燈將河邊照亮了。在狹窄街道上，出現了一整排的小吃攤，人潮很多，氣氛非常熱絡。這就是我們要找的屋台街。可是，沒想到竟是如此熱鬧，人潮擁擠到像是知名觀

39 播放韓國歌曲的小酒吧

光勝地。

「在這種氣氛下，好像很難安靜聊天吧？」

「說的也是，那我們去其他安靜的地方吧。」

如果今天不是最後一天，如果不是和這個新朋友在一起，我們可能毫不猶豫就往吵嚷聲中走進去了。然而，今天對我們，以及對我們的朋友而言，都是特別的日子，所以無法在如此吵鬧的地方度過寶貴的最後一晚。離開屋台街之後，我們在中州一帶徘徊，然後在巷道裡看到一家小酒吧。裡面的桌數不多，非常狹窄，燈光有些昏暗，裝潢很簡單，卻擺滿了看起來很高價的酒，而且還有三個眼神銳利的大叔正坐在裡面喝酒，讓我們感覺有些害怕。這是我來日本之後，第一次遇到這種讓人不想走進去的氣氛，所以我說：

「這裡好像不怎麼樣，我們去別的地方吧？」

可是渡邊卻拉著猶豫不前的我們說：

「這裡很不錯啊，酒錢不貴，而且氣氛安靜，很好啊。我們進去吧。」

這個渡邊怎麼了？我看他並沒喝醉，看起來很正常啊。可是他說這裡很好？他不讓我們再猶豫，我們只好聽他的，小心翼翼地推開了店門，帶著有些僵硬的表情進去。而吧檯小姐面帶輕快笑容地說：

「歡迎光臨。」

這時，人們的目光全都集中在我們身上，讓人覺得很有壓力。所以我才會討厭狹窄的酒店嘛。因為……不管喜歡或討厭，在進入的瞬間，我們的所有一切全都暴露在眾人面前。不過，既然已經跨進去了，也無法再改變什麼，只求盡量配合店內的氣氛行事，愉快度過這段時光就好了。我們小心地找位子坐下，開始觀察。我注意了菜單的價格、在場每個人的表情等，幸好酒錢並不如我擔心的貴，氣氛也比想像的好，這才使我緊張的心情稍微鬆懈下來。那三位大叔在我們進來之前好像是在唱歌，現在他們都在看點歌本選歌。

我們點了特基拉日出與馬丁尼等雞尾酒，然後繼續我們剛才講到一半的話題。就在這個時候，我竟然透過喇叭聽到耳熟能詳的旋律，還有用麥克風唱出的標準韓語，怎麼回事呢？

「這個世界上，只有你一個……（歌詞）。」

我的天啊！被我誤以為是日本人的那三位大叔，原來是韓國人啊。這一刻，我在感到驚訝的同時，也整個放鬆了緊張的心情。在這種情況下，要和韓國人變熟只是時間的問題而已。如同大部分人會做的事，我們很自然地向他們打招呼並敬酒，也互相報了姓名，就聊了起來。他們在福岡經營韓人民宿與餐廳，也因此說話都挺幽默的，很有趣。可是在剛才的短暫時間裡，我卻曾經對他們有誤解與偏見，想到這裡，心裡真的感到很抱歉。

39 播放韓國歌曲的小酒吧

「我們來日本十年了，一開始日子真的不好過啊。雜七雜八的稅很多，而且大家對我們韓國人多少都有些偏見。」

「那個時候想到如果輸了就一切完蛋，拚死拚活也要爭氣，所以打了很多架。多虧這一路走來交了很多朋友，再也沒有什麼好擔心的了。這裡的人雖然要交往很難，但他們不會在背後對你怎麼樣，真的人很好。」

酒喝得越多，內心深處的話就越講越多，但氣氛並不沉動，始終都很開心。連渡邊也有些醉了，他繼續和我們唱歌同樂。在日本這個國家，原來是可以如此輕鬆喝酒的啊，這讓我感到既驚訝又神奇。在過去一個月的時間裡都不曾真正放下緊張情緒，就連今天早上心裡都還感到複雜的不捨心情，此時此刻被整理得乾乾淨淨。這都要感謝我的好友渡邊，以及這幾位韓國大哥，與他們共同度過的時光令我們卸下了武裝。我們愉快地肩搭肩，用韓式唱腔唱出韓國民謠。醉意越深，心裡的感覺越奇妙，「現在都結束了」的快感與「真的都結束了嗎」的不捨感，奇妙交錯於心中。

但是最後一天能在這麼愉快的心情下度過，真的很幸福。其實沒必要把這想成是旅行的結束，而要求自己要冷靜地整理思緒。我們用自己的方法走完了旅程，這樣就行了，不是嗎？最初，安靜地展開的這趟旅程，現在有些吵嚷地畫下了句點。在旅途中，我們曾有過慶典般的熱鬧心情，在最後也像過慶典那般愉快開心，這樣確實很不錯啊。我們在日本的小酒吧裡準備著即將來臨的道別。

中洲的夜生活——屋台

中州的夜街。沿著街道上的屋台一路走著，雖然看到的屋台都很像，但各有特色。

其中最高人氣的就是蝦子先生（えびちゃん），是唯一有賣雞尾酒的屋台。大部分時間都高朋滿座，如果沒有預約，就請等等看囉。

在人潮之中仰望星空。

「要等也可以，反正在中州看星星，也是可以看到很亮的星星啊。」

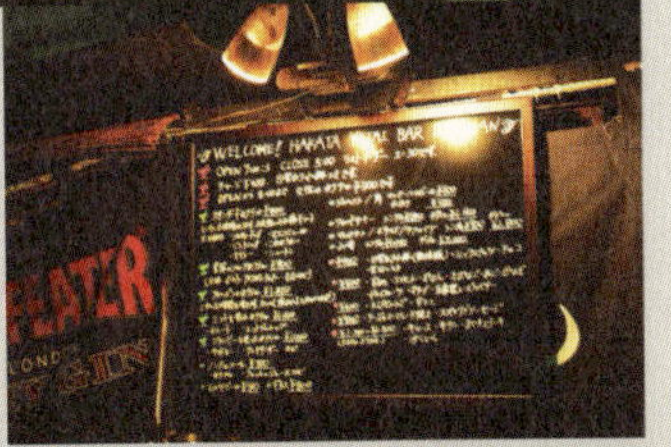

蝦子先生（えびちゃん）

若從JR博多站需步行二十分鐘，若從地鐵的中州川端站則需步行十分鐘。

$ 雞尾酒800至10,00日圓，無酒精雞尾酒700日圓。

旅途的最後一天

回到原點的任務

因為昨晚喝酒喝到很晚，至今還是頭暈目眩。房間內充斥著濃濃的酒味，雖然想打開窗戶，但最後還是放棄了，選擇往枕頭更深處鑽去。直到接近結賬離開的時間，我們才拎著行李從旅館走出來。但此時距離回韓國的開船時間大約還有四小時。

首先去吃遲來的早餐。無關酒醉與否，時間都這麼晚了，不管有沒有吃過早餐，肚子都已經餓了。在一大碗牛丼上打一顆生雞蛋，轉眼間滿滿一碗飯就見底了，好像又可以再吃一碗似的，或許是因為最後一天了吧。

我們開始思索可以做些什麼事來紀念最後一天：

「一起拍張照好嗎？」

「很麻煩耶，如果有人幫忙拍照，那還有可能。」

「那麼，拍張大頭貼如何？」

「……」

我們沒有多加思索就開始尋找可以拍大頭貼的地方，因為住宿的地方離市中心很遠，附近並沒有拍大頭貼的機器。我們倆誰也沒有開口說不拍大頭貼，手裡沒有拿地圖，就這樣漫無目的地往前走了好一陣子。

「認得回去的路嗎？」

我們不知道回到原點的路。就在那一刻，才體悟到不管到了哪裡終須回到原點，回歸出發地變成我們今日該完成的任務。

歷經一個多月重新回到福岡，初期以為旅程很漫長，但隨著時光一天天逝去，不知從何時開始，本來引頸期盼返鄉日子盡快到來的心情，突然之間轉變了，一想到要回去，心情就比軀體還沉重。

我們跨坐在一棟建築前的花壇上。自從旅行以來從未抽過一口香菸，但這時候卻突然想起來。抽了幾口後，心情似乎平靜許多。感覺到陽光太灼熱了，我們便放棄尋找回去的路，直接坐計程車前往博多總站。一路上，我們倆緘口不語，只是凝視著窗外。

一回想起抵達博多總站的頭一天，我們不知如何坐公車，讓好幾輛公車白白跑掉的情景，不禁莞爾一笑。如今，像搭公車這種事情已經沒有問題，卻再也不會有了，不，是短時間內不會有這種事了。

博多總站偌大的玻璃窗映照著我們的身影，略為黝黑的臉龐和背負在肩上的大背包並沒有改變。唯一改變的是，只要累了，不管身在何處都有膽量席地而坐；沒有啤酒就無法入睡；比從前更想念所有的人；尤其是對等待和搭乘火車這些事已經很有自信了。

「旅途如何？」

「不太差。」

「還會再來嗎？」

「先讓我回家好好大睡一覺，醒來再考慮看看吧。」

我們登上船，望著耀眼的藍色海洋，我閉上雙眼，腦中一片空白，所有的記憶如同手中握住的沙子不斷地流洩下來，不自覺地低喃著：

「何時還會再來……。」

附錄一：JR鐵道旅遊情報

想要造訪日本，就來趟JR鐵道旅行

若是要前往由本州、北海道、四國和九州等四大島組成的日本旅遊，最方便的交通工具就是火車。雖然日本的公路網很發達，使用公車也很不錯，但鐵道比公路網的選擇幅度更寬廣，不管在安全性和準時性等方面都優於公車，因此旅行者使用起來更便利。在日本，JR（Japan Railway）公司所提供的鐵道路線占總體的百分之七十，而其他的私人鐵道和各地方經營的地方路線，總括起來種類五花八門，並非韓國所能相比。另外，還可以挑選造型和氣氛奇特的列車來搭乘，像是新幹線、特急列車、one-man（單人）列車、妖怪列車、麵包超人列車等，也算是日本鐵道旅遊的最大樂趣。尤其在交通費用昂貴的日本，外國人有使用JR Pass的福利，實在沒有比火車更好的交通工具了。

日本鐵道的必需品——JR Pass

JR Pass是以在日本旅行的外國人為對象所銷售的鐵路乘車券，在指定的期間內，通用在JR公司體系之下的日本全國國鐵——超高速新幹線列車（希望號除外）以及成田快車等特急列車、普通列車、電車（如東京的山手線等）、公車以及渡輪等無限次搭乘。不過，日本各家鐵路公司的費用制度不同，如果搭乘的不是JR體系的私人鐵道或地方路線的話，必須另外支付費用。如果想在短期間進行日本環島旅行的話，使用JR Pass是最好的選擇。但如果是地區性旅行，例如設定在東京、大阪、京都、九州或是北海道等固定地區的話，就必須選擇適合自己的JR區域性周遊券Pass比較經濟實惠。

JR西日本Pass周遊券以大阪為基準，可以往返

本州西部的路線；JR東日本Pass周遊券則是主要以連接首都東京和東部主要城市為主的路線；九州Rail Pass提供搭乘往返九州境內以及釜山與福岡之間的高速渡輪Beetle號和Kobee號；JR北海道Pass周遊券則包含了北海道全區。

訂定旅行計畫

旅行前的第一件事就是訂定旅行計畫。雖然一次就環遊日本也是不錯的事，但因為日本是鄰近的國家，無須太過貪心，在有限的時間內，到想要去的特定地區從容自在的旅遊，反而是更好的方式。

日本全國通用的JR Pass分為七日票、十四日票和二十一日票等三種，可依據個人的旅行計畫購買，另外還有區域性的周遊券可供使用。在出國前，可在國內的代理銷售公司先購買JR Pass的交換券（Exchange Order），在三個月內可至日本機場或日本JR車站的旅客服務中心，只要出示交換券和護照即可換得JR Pass。

JR Pass一旦開始使用就不能中止。以成人普通證來看，七日票平均每天約四千日圓，而十四日票平均每天約三千二百日圓。如果每天沒有使用到這樣的量就不夠划算。因此，如果只是在大阪附近旅遊，找幾個定點玩，採取直接購票而不使用JR Pass，是比較可取的方法。

我的最愛——JR Pass

抵達日本後，在車站兌換JR Pass，並在票券上填寫希望使用的日期，就可以展開鐵道旅行了。JR Pass的使用方法非常簡單，搭乘交通工具時，在

JR Pass 價格表

類型	綠證（高級綠色車廂軟席票）		普通證	
有效期	成人	兒童	成人	兒童
7天	37,800日圓	18,900日圓	28,300日圓	14,150日圓
14天	61,200日圓	30,600日圓	45,100日圓	22,550日圓
21天	79,600日圓	39,800日圓	57,700日圓	28,850日圓

• 最新JR Pass情報：http://www.japanrailpass.net/

入口櫃檯將JR Pass拿給剪票員看即可通過，如果遇到檢查JR Pass的站務人員時，只要連同護照一起拿給他看即可。

一般使用JR Pass時，只要坐自由座的空位即可。但如果是在旺季或想搭乘熱門路線的話，推薦使用劃位。通常想要有座位就必須要購買坐票，但已經購買JR Pass的話，只要在日本國鐵車站內部的綠色窗口（みどりの窗口）預約座位即可，不需要增加費用。如果人還沒有到要指定座位的那個車站，也可以盡早一次將指定座位都先預約妥當，在時間管理上會比較有效率。在驗票時，有使用指定座位者必須要出示指定座位票和JR Pass，而欲使用自由座者只需出示JR Pass即可。

搭乘火車會用到的日語
——只要知道這些就能夠暢行無阻了

即使不太懂日語，只要事先知道以下幾句日語，搭乘火車就不成問題，不必太過擔憂。如果還是覺得不放心，可以先製作好要給票務服務員看的卡片，隨身攜帶。

想去的地區或站名時：

○○まで 行きたいです。指定席で お願い致します。

○○made ikitaidesu. Siteisekede onegaisimasu.

我想要去○○，請幫我預約指定座位。

找尋搭乘列車的月臺時：

○○まで 行く 列車は どこで 乗りますか？

○○made iku leshawa dokode nolimasuka？

請問往○○的火車在哪裡搭乘？

此刻最快出發的列車：

今から 一番 早いので お願いします。

Imakala ichiban hayainode onegaisimasu.

請給我現在最快出發的列車。

向火車站工作人員詢問月臺時：

この列車は 何番 乗り場で 乗りますか？

Konoleshawa nanban nolibade nolimasuka？

這班列車在幾號月臺上車呢？

想要指定時間時：

○時 ぐらいで お願いします。

○zi gulaide onegaisimasu.

請給我大約〇點（的車票）。

確認搭乘的列車是否正確時：

この列車はどこまで行きますか？

konoleshawa dokomade ikimasuka？

請問這班列車要去哪裡？

時間說法

中文	今天	明天	早上	上午	下午	晚上
日文	今日	明日	朝	午前	午後	夜
羅馬拼音	kyo	asita	asa	gozen	gogo	yolu
中文	一點	兩點	三點	四點	五點	六點
日文	一時	二時	三時	四時	五時	六時
羅馬拼音	ichizi	nizi	sanzi	yozi	gozi	lokuzi
中文	七點	八點	九點	十點	十一點	十二點
日文	七時	八時	九時	十時	十一時	十二時
羅馬拼音	sichizi	hachizi	kuzi	zyuzi	zyuichizi	zyunizi

查閱JR路線和時間表

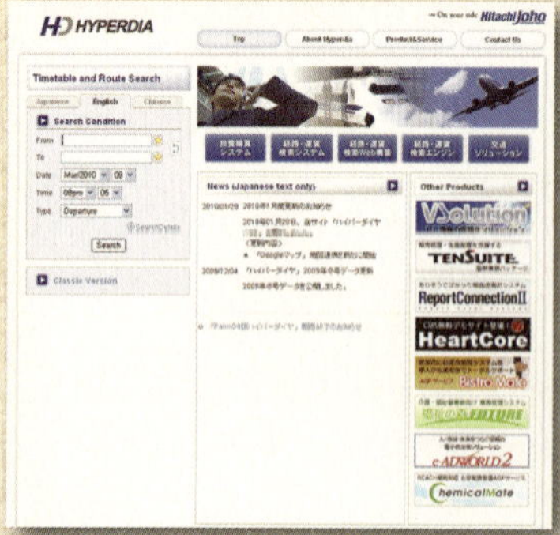

❶進入網址www.hyperdia.com之後轉換成「英文版English」。

❷用英文名稱填寫，如出發地「Nagoya」（名古屋）和目的地「Takayama」（高山）。

❸選擇希望的出發日期和時間。

❹若以列車出發時間為基準，就在「Type」（種類）按選擇「Departure」（出發）即可。

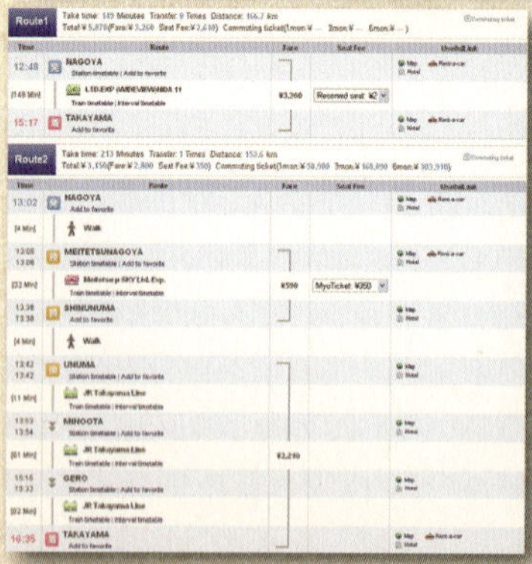

❶本欄列出所需時間、轉乘次數、所需距離以及費用。

❷再次確認出發的車站和時間。

❸請記住轉乘的時刻、車站的名稱以及車號。

❹再次確認抵達的車站和時間。

鐵道旅行所需的最少經費

旅行能否成行的最大關鍵莫過於經費。長途旅行時，通常會考量尚未走完的行程，再來調配如何使用剩下的經費。雖然這點很重要，但如果執行得太嚴格，有可能會影響到旅行的品質，所以要善用超市的打折時間、事先預約飯店的折扣等方式來節省開銷。但是一定想去的景點入場券及每天的晚餐絕對不要省略。

全部的旅行經費（最少）＝平均一天旅費七千圓×旅行天數＋JR Pass＋飛機票或渡輪來回的費用

早餐：每日約五百日圓

為了耗費體力的鐵道旅行，早餐一定要吃得飽。早餐習慣吃飯食的人，推薦松屋和吉野家的牛丼或早晨特餐；若是喜愛吃簡單的麵包和咖啡的人，則推薦Mister Donut或麥當勞的早餐。建議前一晚先找好地點，可以節省一些時間。也有很多旅館會供應早餐，在預約時可以先確認。

午餐：鐵道便當，每日約八百日圓

鐵道便當是鐵道旅行時的山珍海味！價格約在六百到一千日圓之間，雖然價位偏高，但既可以運用坐火車的時間用餐，又可以感受到鐵道的濃濃氣氛，值得推薦給鐵道旅行者。

晚餐：拉麵，每日約八百日圓

最值得推薦的、最物美價廉的晚餐，每個地區雖然略有差異，但平均五百到八百日圓。

交通費（私人鐵道、地下鐵、公車）：每日約三百日圓

JR Pass持有者可以免費搭乘JR地下鐵（如東京

的山手線等），而私人鐵道或民營地下鐵的費用雖然依地區不同而略有差異，但短距離的平均價格約在兩百到三百日圓之間。但如果是到東京、大阪或京都等大城市，建議購買一日周遊券比較經濟實惠，費用在五百至一千日圓不等。雖然名為鐵道旅行，但如果打算在市中心漫無目的走路，會消耗太多體力而讓旅行變得過度疲累，建議適度利用大眾交通工具。

住宿費：每日約三千五百日圓

若獨自一人旅行，選擇青年旅館或民宿的通鋪，價格最為低廉。若是兩個人以上，使用雙人房或三人房也比較不會造成負擔。日本的旅館幾乎沒有三人房，而雙人房分為Double和Semi-double，兩者都是一個可供兩人睡覺的大床，差別在於床鋪的尺寸，Semi-double的尺寸比Double小，價位更低廉。這種雙人房比有兩個單人床的房間Twin更普遍，是兩個同性友人出遊時最經濟實惠的選擇。

・青年旅館、民宿：兩千至三千日圓。
・商務旅館：四千至五千五百日圓。
・東橫INN（Toyoko-inn）連鎖酒店：單人房約六千五百至七千五百日圓，雙人房約八千日圓。
・飯店：一萬至三萬日圓。
・日式旅館：五千至三萬日圓。

入場券：每日約四百日圓

旅行時，不可能一整天只坐車，如果有值得參觀的博物館或美術館時千萬別猶豫，一定要進去拜訪。但必須知道，日本的城池、庭園、博物館或美術館大部分都要付費，而京都大部分的寺廟也要收費，必須根據行程控制好預算。

投幣式置物櫃：每日約四百日圓

長途旅遊者應該增列投幣式置物櫃的費用。為了節省費用，而背著沉重的背包到處走，反而會破壞了整個旅行的樂趣！投幣式置物櫃通常會設置在火車站內，依據尺寸大小大約是三百至六百日圓。

宵夜等美食街以及其他雜費：每日約三百日圓

水大約是一百至一百五十日圓、餅乾一百日圓以上、一瓶三百三十毫升啤酒大約一百至兩百日圓、杯麵約一百至兩百日圓。如果想要節省一點，可以前一天晚上先到超級市場買好。此外，自動販賣機的商品價格也比便利超商貴約二十至五十日圓。

最適合移動頻繁的住宿設施

旅行時最大的煩惱之一，就是要在哪裡過夜，我們這次旅行所使用的住宿設施大致上可分為飯店、青年旅館、民宿、單人套房、日式旅館等。

「便宜沒好貨」的想法是不對的，因為每一種設施都有其特殊的魅力，長途旅行時均衡地善加使用，能讓旅行不會太過單調。其中我們最常使用的就是東橫INN連鎖酒店（www.toyoko-inn.com），它在日本有兩百多家店，大部分位於火車站附近，不僅住宿費低廉又可免費使用網路，而且服務員全都是女性，創造出舒適又清潔的住宿品質，同時還有供應早餐。為了提供相對低廉的價位，所以沒有廣告，也無法透過旅行社代訂，只能上網或電話預約。當無法決定在哪裡過夜時，不失為一個好選擇。推薦長途旅行者先加入東橫INN俱樂部的會員，就可以事先透過網路預約客房或在特定日期住宿享有折扣。

青年旅館的價位雖然低廉，但如果沒有旅館會員證的話，就必須多支付六百日圓。民宿的環境相對比較安靜，價格也便宜，因此日本旅客多利用此設施。如果想要交到日本朋友，很推薦住在民宿。像京都這種外國觀光客很多的城市，民宿特別發達，費用在兩千日圓以上。

好好吃！提著便當到鄉下野餐

Menu1
烏龍麵 made in Kagawa
「麵條真是超夢幻。」
用口味來捍衛最初品嚐到的讚岐烏龍麵。

Menu2
帝王蟹 made in Tottori
「在冬季來臨時，
向美食家下召集令。」
受到禁漁期保護的珍貴松葉蟹。

Menu3
出雲蕎麥麵 made in Shimane
「來碗能牽出好姻緣的蕎麥麵好嗎？」
延續兩百年的庶民鄉村料理。

Menu7
啤酒 made in Ehime
「在泡過溫泉後大口暢飲，
才喝得出啤酒的真正味道。」
這三種口味的啤酒只有在愛媛才買得到。

Menu4
河豚 made in Yamaguchi
「世外桃源中有河豚生魚片
和鰭酒一杯。」
漁夫村裡的超級巨星河豚。

Menu5
廣島燒 made in Hiroshima
「挑選後再吃，
才會聽到很懂得吃的讚美。」
貧窮的廣島人們的心靈糧食。

Menu6
起司 made in Okayama
「山路蜿蜒曲折，
隊伍又大排長龍，
也一定要品嚐看看。」
自然的禮物，岡山牧場的手工起司。

鳥取 三朝溫泉化妝水
具有溫泉療效的世界級三朝溫泉的溫泉水所製作成的化妝水。

大阪 招財貓
大阪是日本最大的商業城市，有可以招來財富的招財貓。

京都 市集的手工藝品
每月十五日在知恩院有手工藝品市集，都是年輕藝術家們的創作。

山梨 葡萄酒
日本葡萄酒的發祥地，利用日本的葡萄品種「甲州」所釀造的甘醇佳釀。

東京 自由之丘街區
包含有東、西方的生活用品、器具、陶器和餐具。

長野 酒
使用越光米為材料，埋在地底下所釀造的高級酒。

青森 蘋果和蘋果乾
生產日本最可口的蘋果——青森縣蘋果，和用蘋果做成的蘋果切片零食。

北海道 三寶樂啤酒和牛油
以吃為主的城市，比大阪更出色的美食天國。

好好買！
在日本逛市集

琉球 琉球手工藝品
讓人心靈激動的琉球島，周圍環繞著翠綠色海洋，頂級的玻璃手工製品也是翠綠色。

福岡 博多人形
用陶土塑形、低溫烘烤的娃娃，上面有華麗的彩繪，值得作為餽贈親友的禮物。

岡山 牛仔褲
兒島是日本牛仔褲的生產地，是穿越久越能顯露個人特色的牛仔褲。

愛媛 少爺糰子和溫泉仙貝
搭乘少爺列車，在古老的溫泉鄉泡完溫泉後，可品嚐的茶點有甜甜的糰子和香脆的仙貝餅。

香川縣 中島喬治設計的椅子
中島喬治巧妙地融合木頭的耐久性及建築學上的構造，創造出感性的椅子。

廣島 彩妝刷具
讓外國專業彩妝師們瘋狂喜愛的日本工匠製造的頂級彩妝刷具。

山口 萩燒陶瓷
使用時間越長久變化越多，不僅是顏色，連瓷器使用起來的味道都會改變，是具有柔和純樸質感的陶瓷器。

島根 石見銀山生活文化研究所的天然材質服飾
贏得都市人喜愛的鄉間流行服飾品牌的簡便服。

新幹線
JR一般路線
私鐵路線

33天JR鐵道旅行路線

福岡→岡山→**高松**→**丸龜**→**高山**→**松山**→岡山→
松江→米子→**境港**→岡山→**舞子**→**神戶**→**寶塚**→
大阪→**京都**→草津町→拓植→伊賀上野→**上野市**→
伊賀神戶→**伊勢市**→名古屋→**犬山**→名古屋→
高山→**金澤**→滑川→**長野**→**松本**→大月→**河口湖**→
北杜→**輕井澤**→**青森**→**美瑛**→**札幌**→青森→**花巻**→
遠野→**東京**→**鎌倉**→**東京**→博多→湯布院→**福岡**

附錄四　33天JR鐵道旅行移動路線圖

1	福岡(博多)	(1)(39)(40)
2	岡山	
3	高松	(2)(3)
4	丸龜	(4)
5	松山	(5)
6	松江	(6)
7	米子	(7)
8	境港	(7)
9	舞子	(8)
10	神戶	(9)
11	寶塚	(11)(12)
12	大阪	(13)
13	京都	(14)(15)(16)
14	草津町	
15	拓植	
16	伊賀上野	
17	上野市	(17)
18	伊賀神戶	
19	伊勢市	(18)
20	名古屋	
21	犬山	(20)
22	高山	(21)
23	金澤	(22)(23)
24	長野	(23)
25	松本	(23)
26	河口湖	(24)
27	北杜	(25)(26)
28	輕井澤	(27)
29	青森	(28)(29)
30	美瑛	(31)
31	札幌	(32)
32	花卷	(36)
33	遠野	(33)(34)
34	東京	(37)
35	鎌倉	(38)
36	湯布院	

趣味玩家03

JR鐵道的和風行旅

40個戀上文化日本的一番物語

原文書名　일본, 기차 그리고 여행
作　　者　沈青輔
圖片提供　TERRA Publishing Group

總　編　輯　陳靜惠
責任編輯　洪禎璐
校對協力　許孟菡
美術設計　王美琪
行銷企劃　蔡慧華

社　　長　郭重興
發行人兼出版總監　曾大福
出　　版　夏日出版　遠足文化事業股份有限公司
發　　行　遠足文化事業股份有限公司
地址：231新北市新店區民權路108-3號6樓
電話：(02)2218-1417　傳真：(02)2218-8057
電子信箱：how.summer@gmail.com
客服專線：0800-221-029
劃撥帳號：19504465　遠足文化事業股份有限公司

法律顧問　華洋國際專利商標事務所　蘇文生律師
印　　刷　成陽印刷股份有限公司
初版一刷　二〇一二年四月
定　　價　三八〇元
ＩＳＢＮ　978-986-87819-7-9

國家圖書館出版品預行編目(CIP)資料

JR鐵道的和風行旅：40個戀上文化日本的一番物語/ 沈青輔著；TERRA Publishing Group提供圖片. -- 初版. -- 新北市：夏日出版, 遠足文化發行, 2012.04
面；　公分. -- (0FFU ; 3)
ISBN 978-986-87819-7-9(平裝)

1.遊記 2.旅遊文學 3.日本

731.9　　101005042